MICHAEL ALTHEN

»Meine Frau sagt …«

MICHAEL ALTHEN

»Meine Frau sagt …«

Geschichten aus dem wahren Leben

Karl Blessing Verlag

MIX
Papier aus verantwortungsvollen Quellen
FSC® C014889

Verlagsgruppe Random House FSC-DEU-0100
Das für dieses Buch verwendete
FSC®-zertifizierte Papier *EOS*
liefert Salzer Papier, St. Pölten, Austria.

1. Auflage 2012

Umschlaggestaltung: Hauptmann und Kompanie Werbeagentur, Zürich
unter Verwendung eines Fotos von Arno Declair
Satz: Leingärtner, Nabburg
Druck und Einband: Pustet, Regensburg
Printed in Germany

ISBN 978-3-89667-422-7

www.blessing-verlag.de

Inhalt

Familie heißt, dass man dauernd das Gefühl hat,
morgen könnte alles wieder ganz anders sein –
und dann ist aber doch alles beim Alten.
Oder es ist umgekehrt?

Michael Althen

Vorwort

Wir wissen, was das Sein und die Zeit und der genetische Code ist, wir haben den Mond betreten, den Verbrennungsmotor konstruiert und dürfen sagen: So leicht macht uns keiner was vor. Alles ist gelöst.

Aber eine Sache wäre da noch. Die Kommunikation zwischen Mann und Frau ist ein absolut ungelöstes Rätsel der Gattung. Man fragt sich, wie die Philosophen und Philosophinnen die Welt haben erklären können, ohne dieses Rätsel zu lösen. Wir reden hier nicht nur von Kommunikation, sondern von Strategien, Ablenkungsmanövern, Scheinangriffen, Tarnungen, Erkundungstrupps, kurzum, von Manövern, die über einen sehr, sehr langen Zeitraum zwischen Mann und Frau, Frau und Mann, und Frau, Mann und ihren Kindern eingeübt wurden. Zum Beispiel so:

> *»Meine Frau fragt: ›Haben wir ein Geschenk?‹ Sie fragt es tatsächlich. Die Einladung lautete auf 20 Uhr, wir sind schon zu spät, das Taxi müsste längst gerufen sein und dann diese Frage. Ich sage: Ich? Wieso ich? Das sind doch mehr deine Freunde. Das sage ich grundsätzlich, auch bei Freunden, die nachweislich ich in die Ehe eingebracht habe. Man gewinnt damit Zeit. Auch wenn es die Diskussion nicht wirklich voranbringt.«*

Von Walter Benjamin stammt der schöne Satz, dass man die wirklich wichtigen Dinge im Leben erst erinnern muss, um zu wissen, dass man sie erlebt hat. Und das macht dieses Buch. Alles in ihm hat man selbst erlebt, ohne es zu wissen. Und jetzt, wo man sich dessen erinnert, fällt es einem wie Schuppen von den Augen. Wohin man in Urlaub fährt, und warum Frauen die Koffer anders packen als ihre Männer oder warum ein Satz am Mittwoch etwas anderes bedeutet als samstags früh:

> *»Meine Frau sagt: ›Ich habe nachgedacht.‹ Pause. Gewichtige Pause. Ich frage: ›Ah ja, was denn, Schatz?‹ Und überlege, ob es nicht besser wäre, sich gleich wieder ins Bett zu legen. Denn an einem Wochentag kann diese Eröffnung alles Mögliche bedeuten – an einem Samstag jedoch nur eines: Möbelrücken. Und zwar von der verschärften Sorte. Es geht nie nur darum, eine Lampe von links nach rechts zu stellen, sondern stets um größere Möbelwanderungen quer durch die Wohnung. Wenn man die Migrationsströme aller beweglichen Güter in unseren vier Wänden mit einem Pfeildiagramm festhalten würde, sähe das etwa so aus wie die Schaubilder im Geschichtsatlas zum Dreißigjährigen Krieg.«*

Man sieht: Das ist ein Buch, das alles weiss. Oder besser: das alles wissen würde, wenn man ihm die Zeit ließe, über alles nachzudenken. Da aber Zeit, Papier und Bücher endlich sind in unserer Welt, hat es sich auf eine Reihe der allerwichtigsten Fragen beschränkt. Urlaub, Ausgehen, Einladungen, Gäste, Feiern, Kinder, Fussballspiele.

Da dies ein ungemein unterhaltsames, ein geradezu göttlich komisches Buch ist, muss man gleich festhalten: Der

Autor ist belesen. Er hat viele Bücher gelesen, das kann man sich denken. Er hat auch viele Filme gesehen, eigentlich alle, die man sich überhaupt vorstellen kann, denn Michael Althen war ein grosser Filmkritiker. So jemand, denkt man, kommt auf Fragen und Probleme, auf die unsereiner nie kommen würde. Denn das läuft so seit Jahrhunderten bei klugen Büchern: Ihre Urheber sind durch ganze Wüsten der Abstraktion gelaufen, um den klugen Büchern ein weiteres kluges Buch hinzufügen.

Und genau so läuft das hier nicht. Der Ausgangspunkt sind nicht die Bücher der anderen. Der Ausgangspunkt ist die Frau des Autors. Sie ist die biblische Autorität dieses Buches. Wenn sie nachdenkt, geschieht etwas, wovon die Philosophen träumten: Das Nachdenken verändert die Welt. Jedenfalls beginnt es erst einmal mit dem Umräumen der Welt.

Erst jetzt, erst durch diese Texte, begreift man, dass die größte Leistung von Literatur darin besteht, uns darüber aufzuklären, dass wir nicht die Autoren unseres Lebens sind, sondern dass wir geschrieben werden in unseren Rollen, Missverständnissen und Begeisterungen. Es gibt so viel verschiedene Arten von Lob, das man einem Buch aussprechen kann. Hier fällt dem Leser nur eines ein: Man versteht gar nicht, wie man all die Jahre ohne dieses Buch auskommen konnte.

Frank Schirrmacher

»Haben wir ein Geschenk?« – über die Vergesslichkeit

Meine Frau fragt: »Haben wir ein Geschenk?« Sie fragt es tatsächlich. Die Einladung lautete auf 20 Uhr, wir sind schon zu spät, das Taxi müsste längst gerufen sein und dann diese Frage. Ich sage: Ich? Wieso ich? Das sind doch mehr deine Freunde. Das sage ich grundsätzlich, auch bei Freunden, die nachweislich ich in die Ehe eingebracht habe. Man gewinnt damit Zeit. Auch wenn es die Diskussion nicht wirklich voranbringt.

Es ist nicht so, dass ich nicht wüsste, dass die Frage kommt. Ich habe auch schon gelegentlich über die Geschenkefrage nachgedacht, aber die Beantwortung verschoben. Mir fällt bei Geschenken nie was ein. Spricht nicht für mich, ist aber so. Mir fällt immer nur dasselbe ein: Eine DVD? Ein Buch? Eine Flasche Wein? Meine Frau tut dann immer so, als seien das keine Geschenke, die irgendwem Freude machen könnten. Das ist natürlich Unsinn. Ich zum Beispiel würde mich sehr freuen, wenn ich eine DVD geschenkt bekäme. Passiert aber leider nie. Dir kann man ja auch überhaupt keine DVD schenken, heißt es dann, denn im Zweifelsfall hast du sie längst schon. Schau dich doch mal um: Wo sollen wir bitte noch DVDs unterbringen? Wo? Es folgt eine ausladende Geste über diverse Stapel, die eigentlich so über die Wohnung verteilt sind, dass sie sich diskret ins Mobiliar einfügen. Finde ich.

Findet meine Frau nicht. Und schon befinden wir uns auf einem jener Nebenkriegsschauplätze, auf denen in Ehen natürlich die entscheidenden Schlachten geschlagen werden. Aber nicht jetzt. Gott sei Dank nicht jetzt.

Denn wir sind schon zu spät, das Taxi hätte längst gerufen sein müssen, und in der Geschenkefrage muss dringend eine Einigung gefunden werden. Also nochmaliges Grübeln, aber vor meinem geistigen Auge tauchen nur DVDs auf, die ich jetzt selbst gerne geschenkt bekäme. Meine Frau schminkt sich unterdessen. Und denkt ganz sicher nicht über die Geschenkefrage nach. Immer ich, denke ich, immer ich. Wie üblich bringe ich in diesem Moment die Fünfliterflasche Rotwein ins Spiel, die wir irgendwann als Werbegeschenk bekommen haben. Ernte nur Augenrollen. Wieso, sage ich, sie ist in einer sehr geschmackvollen Holzkiste verpackt. Und sieht aus wie neu. Ob mir auch mal was anderes einfalle, heißt es dann. Mittlerweile ist es ohnehin so spät, dass die Gastgeber froh sind, wenn wir überhaupt noch kommen. Wir nehmen eine Flasche Champagner aus dem Kühlschrank. Damit macht man eigentlich nie was falsch.

Wenn ich mich recht erinnere, haben wir die mal geschenkt bekommen, als wir selbst eingeladen hatten.

Berufliche Einladungen machen es einem leichter, weil man da nichts mitbringen muss. In der Post des durchschnittlichen Journalisten findet sich täglich ein gefühltes Dutzend Einladungen, in denen irgendwelche Landesvertretungen oder Kulturinstitute einladen, diesen oder jenen Künstler zu ehren und bei der Gelegenheit seine Bilder anzusehen oder Gedichte anzuhören oder ihn ganz generell leibhaftig zu besichtigen. Weil man von den Künstlern in der Regel nicht gehört hat, geht man nur dann hin, wenn man nichts im Kühlschrank hat oder der Fernseher kaputt ist.

Kommt also eine Einladung: Der Botschafter eines Landes, das wir der Diskretion halber ein fernöstliches nennen wollen, lädt zu einem Abend zu Ehren eines deutschen Regisseurs ein, den wir aus denselben Gründen einen ziemlich bekannten nennen wollen. Schön. Kühlschrank und Fernseher funktionieren zwar, aber man geht trotzdem hin, weil man den Künstler zur Abwechslung tatsächlich verehrt, auch wenn man weiß, dass man dann wieder einen ganzen Abend lang neben irgendeinem zweiten Kultursekretär sitzen wird, dessen gebrochenes Englisch man schwer versteht, während der Ehrengast zehn Tische weiter sitzt und man am Ende kein Wort mit ihm gewechselt haben wird. Egal.

Eine Warnung hätte sein sollen, dass die Botschaft schon Tage vorher den Namen meiner Begleitung und das Kfz-Kennzeichen wissen wollte. Ich kam aber ohne Begleitung und Auto und verstand die verfrühte Aufregung nicht recht. Und als ich mich am Tor anmeldete, musste trotzdem erst umständlich telefonisch nachgefragt werden, weil mein Name nicht auf der Liste stand, aber dann nahmen mich drei freundliche Asiaten in Empfang und führten mich ins Foyer. Außer mir war allerdings kein Mensch zu sehen. Ich war fünf Minuten zu spät. Mein Gott, FÜNF Minuten. Nachfrage: Hat die Sache etwa schon angefangen? Freundliches Lächeln, nein, nein, alles in Ordnung. Ich wurde weitergeführt in einen Raum, der groß wie ein Tennisfeld war und an dessen fernem Ende vier einsame Leute auf Sofas saßen. Einer erhob sich, kam mir freundlicherweise entgegen, entpuppte sich als Botschafter, schüttelte mir freudig die Hand, stellte seine bezaubernde Frau vor und die anderen beiden Menschen, die ich noch nie zuvor gesehen hatte. Ich kam mir vor wie der Held in »Skin Deep«, der im Aladin-Kostüm auf einer Party erscheint, die sich als alles Mögliche entpuppt, nur nicht als Kostümfest, woraufhin er sehr viel trinkt, um der Peinlichkeit zu entgehen.

Man machte also Small Talk, aber dem Gesprächsverlauf war nicht zu entnehmen, ob ich nicht versehentlich auch auf der falschen Einladung gelandet war und hinterher als Hochstapler verhaftet würde. Ich wusste nicht: War ich zu früh? War ich zu spät? Läuft irgendwo eine versteckte Kamera? Für wen hielten sie mich? Es musste sich um eine Verwechslung handeln. Aber das Botschafterpaar nickte nur freundlich, wenn ich vorsichtig dem Missverständnis auf die Schliche zu kommen versuchte, und die beiden anderen taten unbeteiligt. Fünf Minuten später kamen dann doch der Regisseur und seine Frau, und es wurde ein netter Abend. Aber fünf Minuten lang war ich überzeugt, dass ich sehr viel würde trinken müssen, um nicht zur Verantwortung gezogen werden zu können.

Der Abend fand dann seinen Höhepunkt bei Tisch, wo mein Nachbar in der Annahme, bei dem grünen Klacks auf seinem Teller handle es sich um eine Art Gemüsepüree, eine volle Ladung Wasabi zu sich nahm und mit hochrotem Kopf und tränenden Augen an sich halten musste, sich nicht bei Tisch zu übergeben.

Immerhin hat so eine kleine Runde den Vorteil, dass man einander förmlich vorgestellt wird. Denn das Leben in freier Wildbahn ist in Wahrheit eine Ansammlung von Leuten, deren Namen man kennen müsste, der einem aber gerade entfallen ist. Ach was, nicht entfallen – man hat ihn in Wahrheit überhaupt noch nie gewusst, weil man einander irgendwann im Lärm vorgestellt wurde und sowieso nur »Grmpflnsberger« verstanden hat. Und dann trifft man sich Jahr für Jahr, nickt sich zu oder wechselt ein paar Worte und tut so vertraut, dass es völlig unmöglich ist, noch mal nach dem Namen zu fragen, den man nie gewusst hat. Das ist an sich schon eine nicht ganz unproblematische Situation. Aber die wahren Probleme fangen erst dort an, wo man Leuten begegnet, deren Namen man schon mal gewusst, geradezu jahrelang im Herzen getragen hat, den man aber just in dem Moment vergessen hat, wo man ihrer ansichtig wird. Ich habe schon Partys deswegen verlassen, weil ich jemanden in der Menge gesehen habe, dessen Name mir im selben Moment komplett unentschuldbar entfallen war. Älteste Bekanntschaften, Menschen, mit denen man Nächte durchgetrunken hat oder bei denen man gar eingeladen war.

Einmal musste ich für so jemanden ein Buch signieren, und mir fiel der Name nicht ein. Ich war kurz davor, einen Hirnschlag zu simulieren, habe dann aber vorgegeben, ich müsse dringend auf die Toilette. Gibt es eine dämlichere Ausrede? Stattdessen habe ich in der Menge meine Frau gesucht, um nach dem Namen zu fragen. Gott sei Dank wusste sie ihn. Mittlerweile glaube ich, dass mein Hirn das absichtlich mit mir macht. Dass es in dem Moment, wo ich einen Raum mit mehreren Leuten betrete, vorsätzlich alle Daten löscht, die mir eine Identifizierung ermöglichen. Und es wird immer schlimmer.

Irgendwann wird es auch, wenn ich nach Hause komme, automatisch eine Komplettlöschung veranlassen, und ich werde mich fragen, wer die Frau und der Junge sind, die da in meiner Wohnung rumlaufen und so tun, als würden sie mich kennen. Noch erkenne ich allerdings Frau und Sohn, aber was Partys angeht, habe ich Anweisung gegeben, sich unter allen

Umständen immer sofort selbst vorzustellen, um jenem Moment zuvorzukommen, in dem ich den Offenbarungseid leisten müsste. Und zwar bei ALLEN, auch und gerade bei Leuten, bei denen sie es für unmöglich halten, dass ich nicht weiß, wer sie sind und wie sie heißen.

Vor Kurzem saß ich allerdings neben einer Frau, die in die Runde hinein bemerkte: »Seit Kurzem kann ich mir Namen merken.« Die Runde hielt die Luft an, ob noch was kommt, um dieses Wunder ein wenig zu vertiefen, uns weniger Gebenedeite in Geheimnisse einzuweihen, die offenbar jenseits unserer Vorstellungskraft liegen, aber sie ließ den Satz einfach so stehen. So dahingesagt, als habe sie die Runde lediglich davon informiert, dass ihr Auto durch den TÜV gekommen sei. Wir anderen, die wir nicht durch den TÜV gekommen sind und an der üblichen Feld-, Wald- und Wiesen-Hirnschwundsucht leiden, waren etwa so konsterniert wie die Jünger, als Jesus ihnen eröffnete, er könne übrigens über Wasser wandeln und, ach ja, die Blinden sehen machen.

Menschen sind schon wegen geringerer Wunder heiliggesprochen worden, aber hier wurde so getan, als handle es sich bei der Merkschwäche, die bei Menschen wie mir dazu führt, dass sie Partys fluchtartig verlassen oder wenigstens mit dem Rücken zur Gesellschaft stehen, um eine Art Konditionsschwäche, die bei richtiger Ernährung oder positiver Grundeinstellung überwunden werden kann. Ich behaupte aber, dass in der mittlerweile doch sehr langen Menschheitsgeschichte noch nie jemand diesen Satz gesprochen hat: »Seit Kurzem kann ich mir Namen merken.« Die Frau wollte auch nicht verraten, warum und wieso, es sei halt so. Normalerweise fallen Menschen nach solchen Bemerkungen in Trance, verdrehen die Augen, kriegen Schaum vorm Mund, brabbeln unverständliches Zeug und gründen danach eine Sekte, aber die Frau saß da und lächelte nur verständnislos.

Womöglich ist die Welt ja voll mit Leuten, die sich plötzlich Namen merken können, mir sind sie jedoch noch nie begegnet. Ich treffe ausschließlich auf Leute, die sich nicht erinnern können, wie ich heiße, und ich weiß auch immer seltener, wer sie überhaupt sind. Aber es gibt Hoffnung: Unter uns wandelt eine, eine Einzige, die weiß, wie wir heißen. Zur Sicherheit habe ich mir ihren Namen aufgeschrieben.

Bei der allgemeinen Hysterie denkt man ja bei der geringsten Merkschwäche immer gleich an Alzheimer. Aber keiner weiß so recht, wie, was und wo. Kürzlich habe ich allerdings einen Freund getroffen, der sagte, Alzheimer erkenne man zum Beispiel daran, dass man im Restaurant zwei Mal bezahle, ohne es zu merken. Offen gesprochen kann ich mich nicht erinnern, ob ich schon irgendwann zwei Mal bezahlt habe. Mein Kontostand und die Freundlichkeit, mit der ich begrüßt werde, lassen es zwar vermuten, aber andererseits erkennt man vertrauenswürdige Gastronomie doch auch daran, dass der Wirt ein Taxi ruft, wenn er den Verdacht hat, dass man den Heimweg nicht mehr alleine schafft, und er den Mantel, den man im Zuge dieser momentanen Verwirrtheit vergisst, nicht gleich am nächsten Morgen in die Secondhandboutique trägt, sondern wartet, bis man ihn am Nachmittag reumütig abholt. Das kann man doch wirklich nicht Alzheimer nennen, sondern zählt zu jener Wald- und Wiesentrunkenheit, der jeder mal anheim fällt.

Andererseits bin ich heute aus dem Haus gegangen, um den Hund zu erleichtern, und habe eine gute Viertelstunde von Baum zu Baum darüber nachgedacht, wie die Farbe heißt, mit der in Form einer Hose einer meiner Nachbarn das ganze Viertel davon in Kenntnis setzt, dass endlich der Sommer ausgebrochen ist. Meistens trägt er rote Hosen, aber diesmal war es dieses helle Grün, das ins Blaue hineinspielt. Sie wissen schon …

Nur, ich wusste es nicht. Ich ging das ganze Alphabet durch in der Hoffnung, dass irgendein Buchstabe den Knoten platzen lässt. Aquamarin? Olive? Amaranth? Das ist was zu essen, oder? Irgendwas mit A jedenfalls. Der Hund pisste Baum um Baum an, aber ich kam nicht drauf. Verschärfter Alzheimeralarm also. Ich musste – unvorstellbare Demütigung – nach meiner Rückkehr meine Frau fragen: Sag mal, Schatz, wie heißt gleich wieder diese Farbe, die eigentlich grün ist, aber blau sein will, Dingsda? Die Antwort war niederschmetternd: Türkis?! Normalerweise stellt sich ja in solchen Momenten Erleichterung ein, aber das war doch kein Wort mit A! Ich konnte nicht leugnen, dass Türkis die richtige Antwort war, aber in meinem Hirn löste sich kein Knoten: Vielleicht, weil es kein Wort mit A war, wahrscheinlich aber, weil ich kurz davor stehe, nicht nur in Restaurants zwei Mal zu bezahlen.

Gut nur, dass es anderen noch schlechter geht. Kürzlich bin ich einem Mann begegnet, der allen Ernstes in großer Runde seine »Drei-Vier-Schwäche« bekannte. Klingt toll, bezeichnet aber den Umstand, dass er die Geburtstage seiner Kinder, die am Dritten respektive Vierten eines Monats anstehen, immer verwechselt und sich im Übrigen die Geheimzahl seiner EC-Karte nicht merken kann, weil sie auch aus Dreien und Vieren besteht. Auf die Nachfrage, warum er die Geheimzahl nicht einfach ändert, schüttelte er nur verständnislos den Kopf. Als wollte er sagen, dass eine ordentliche Drei-Vier-Schwäche immer noch besser ist als Alzheimer.

Herr Ober, bitte zahlen!

Das Schlimme an der Vergesslichkeit ist, dass sie wie ein Virus ist. Einmal angesetzt, frisst sie sich mit einer Geschwindigkeit durchs Hirn, dass man hinter jeder Vergesslichkeit sofort das Allerschlimmste vermutet. Ich denke dann jedes Mal, dass ich ernstlich verblöde. Und zwar nicht langsam, sondern mit einer Geschwindigkeit, dass ich wahrscheinlich in naher Zukunft am Rande der Stadtautobahn aufgegriffen werde, weil ich meinen Weg nach Hause nicht mehr finde – und zwar ohne Hose.

Wenn man bereits körperliche Gebrechen vorzuweisen hat, dann weiß die Umgebung das einzuordnen, aber rein äußerlich gebe ich noch kaum Anlass, an meinem Geisteszustand zu zweifeln. Doch innerlich habe ich mein Verfallsdatum offenbar schon überschritten. Ich lese Bücher, durchaus mit Begeisterung, und könnte schon beim Zuklappen auch unter Folter ihren Inhalt nicht mehr wiedergeben. Ich treffe Leute, die ich immer schon gekannt habe, und weiß plötzlich ihren Namen nicht mehr. Und wir reden hier von Leuten, bei denen ich schon gelegentlich zum Essen eingeladen war. Man kann mit mir eigentlich kaum mehr ausgehen, weil jede Ansammlung von Menschen die Gefahr birgt, dass ich den Offenbarungseid leisten muss und als grenzdebil auffliege. Manchmal frage ich mich, wie lange ich meinen Beruf noch werde ausüben können, wenn alles schwindet. Und wozu ich überhaupt noch Filme sehe, wenn ich ohnehin alles wieder vergesse. Ich frage mich schon, ob unser alter FCKW-betriebener Kühlschrank vielleicht nicht nur an der Ozonschicht, sondern auch an meinem Hirn genagt hat. Dabei ist man umgeben von Menschen, die Aufstellungen beliebiger Fußballmannschaften vor zwanzig Jahren herunterbeten können oder die Besetzungslisten von Hollywoodfilmen aus den Vierzigern bis zur letzten Nebenrolle.

Ich hingegen stehe unter der Dusche, seife mich fröhlich ein, denke so dies und das – und frage mich plötzlich, ob ich mir die Haare schon gewaschen habe. Ich kann mich nicht erinnern. Hab ich? Hab ich nicht? Und ich gucke allen Ernstes hilfesuchend auf die Shampooflasche, ob sie noch trocken ist oder ob Wassertropfen darauf hinweisen, dass ich sie heute Morgen bereits in der Hand gehabt habe. Ich verbringe keineswegs Stunden unter der Dusche, sondern fünf Minuten. Und trotzdem muss ich Detektivmethoden anwenden, um herauszufinden, ob ich mir die Haare gewaschen habe ... Wer weiß, wohin das noch führt. Ich stehe also unter der Dusche, seife mich fröhlich ein, denke so dies und das – und frage mich plötzlich ... Mir ist irgendwie so, als hätte ich das schon erzählt ... Habe ich? Habe ich nicht?

Mein Verdacht ist, dass ich mir auch deswegen nichts mehr merke, weil wir mittlerweile von Hilfsmitteln umgeben sind, die das übernehmen. Aber wehe, sie versagen mal den Dienst. Unlängst war ich mit einem Freund verabredet. Irgendwo bei uns in der Gegend. Er setzte sich ins Auto, schrieb eine SMS: »Bin in zwanzig Minuten da. Wo treffen wir uns?« Ich schrieb ihm den Treffpunkt, wartete noch eine Viertelstunde und machte mich zu Fuß auf den Weg, setzte mich ins Lokal und wartete. Und wartete. Und checkte meine SMS. Und wartete. Nach einer halben Stunde kam ein Anruf: Wo ich bin? Er sei auch gleich da und erkläre dann alles. Eine einzige KATASTROPHE.

Als er kam, erzählte er, was passiert war: Er sei also losgefahren, habe sich irgendwann gewundert, dass ich ihm keinen

Treffpunkt nenne, und dann festgestellt, dass sein Akku leer ist. Er ist deshalb zu mir gefahren, hat geklingelt: Keiner da! Er ist in ein Lokal um die Ecke gegangen, hat gefragt, ob er das Telefon benutzen dürfe: Nein, draußen Telefonzelle. Er hat dem Mann zwei Euro geboten, aber der wiederholte nur: Draußen Telefonzelle.

Es gibt wahrscheinlich junge Menschen, denen man erklären muss, was das ist. Die sich schon immer gewundert haben, warum in der Stadt verstreut kleine magentafarbene Häuschen stehen, in denen ein Telefonhörer angebracht ist. In der Tat kann ich mich kaum erinnern, wann ich zuletzt eine Telefonzelle benutzt habe. Eigentlich ist das etwas, was mir nur noch in alten Filmen begegnet, wo Telefonzellen immer dann zur Hand sind, wenn der Held in Not ist. Im wirklichen Leben war das eher seltener so. Obwohl ich mich an Zeiten erinnere, als die Häuschen noch gelb waren und man mit zwei Zehnpfennigstücken so lange telefonieren konnte, wie man wollte. Auf diese Weise habe ich meine halbe Pubertät in der Telefonzelle bei uns im Einkaufszentrum verbracht, um ungestört mit Freundinnen oder in der Regel solchen, die es dann doch nicht werden wollten, zu telefonieren.

Dem Freund ging es nicht anders, aber er nutzte seine dreißig Cents dazu, seine Freundin anzurufen, damit sie mich verständigt. Sie wusste aber die Nummer nicht, und sagen konnte er sie ihr auch nicht, weil er wie alle Menschen längst aufgegeben hat, sich Nummern zu merken, die das Handy viel besser weiß. Vorausgesetzt, der Akku ist geladen. Er ging also in ein anderes Restaurant, in dem er mich vermutete, aber nicht fand, wo aber der Besitzer nach Erläuterung des Problems zur Theke wies, auf der ein Ladegerät des richtigen Handytyps bereitlag. Nach Lage der Dinge ist das nicht etwa ein

Wunder, sondern einfach ein gut geführtes Restaurant, das die wahren Bedürfnisse seiner Gäste kennt. Irgendwann war der Akku so weit geladen, dass der Freund mich lokalisieren konnte.

Man fragt sich bei alldem natürlich, wie es früher möglich war, dass sich Leute überhaupt je getroffen haben. Warum die Weltgeschichte nicht aus lauter verpassten Verabredungen besteht? Und obwohl ich mich erinnere, dass in meiner Jugend vor Erfindung des Handys Treffen mit anderen Menschen überraschend regelmäßig klappten, habe ich wirklich keine Ahnung mehr, wie wir das geschafft haben. Das müssen Wunder gewesen sein.

Das soll nicht heißen, dass früher alles besser war. Mit oder ohne Akku halte ich Handys dann doch für einen ziemlichen Fortschritt gegenüber den Telefonzellen. Aber ganz sicher kann man sich nicht immer sein, dass aller Fortschritt wirklich immer zu unserem Vorteil ist. Man muss sich nur mal in einen jener neumodischen Coffeeshops begeben, die einem weismachen wollen, man täte was für den Regenwald und die Kaffeebohnenpflücker in der Dritten Welt, wenn man einen Frappuccino bestellt. Ganz ehrlich, ich glaub kein Wort, dass es bei denen gerechter als beim Ausbeuter an der nächsten Ecke zugeht – und es ist mir auch piepegal. Ich will in der Regel nur einen Espresso.

Ist nicht so kompliziert, würde man denken. Wer aber dort schon mal angestanden hat, weiß vermutlich, mit welch aufreizender Gelassenheit die vielen freundlichen jungen Menschen hinter der Theke ihrer Tätigkeit nachgehen. Es sind wirklich alle immer allerbester Laune. Ich hingegen nicht. Mir geht das auf den Wecker. Wo man früher auf die Bedienung warten musste, da wartet man jetzt an der Theke. Sitzt aber nicht, sondern muss stehen und dabei zugucken, wie sie so eine Art präindustrieller Arbeitsteilung pflegen. Einer fragt, was man will, einer kassiert, einer fragt nach dem Namen, einer schreibt ihn auf einen Pappbecher, einer schäumt die Milch auf – das geht etwa so flott vonstatten, als würde man Farbe an der Wand beim Trocknen zusehen und erinnert an den alten Abzählreim: »Das ist der Daumen. Der schüttelt die Pflaumen. Der hebt sie alle auf. Der trägt sie nach Haus. Und der Klitzekleine isst sie alle, alle wieder auf.«

Immer schön lächeln … Bloß nicht ungeduldig werden … Man muss natürlich zugeben, dass das gute alte Kännchen Kaffee auch nicht immer schwupp auf dem Tisch stand und sich die Bedienungen durch Freundlichkeit zumindest nicht hervorgetan haben. Aber das waren ja auch die Zeiten der Servicewüste Deutschland. Stattdessen haben wir jetzt einen Servicedschungel. Und dessen absurdester Auswuchs ist die Sache mit dem Namen. Als ich das erste Mal danach gefragt wurde, antwortete ich wahrheitsgemäß »Althen«. Das war aber nicht, was der Mann hören wollte – er wollte den Vornamen. Der wird dann nämlich am anderen Ende der Flüsterpost ausgerufen, damit nichts durcheinandergebracht wird. Bin ja vielleicht etwas verstockt, aber mir kam das eigenartig vor, fremden Menschen meinen Vornamen zu verraten. Andererseits bekommt man als Vornamensverweigerer wahrscheinlich keinen oder zumindest einen falschen Kaffee. Ich fordere hiermit Kaffeetrinker dazu auf, alle denselben Namen zu verwenden. Ich schlage vor: Ernst. Um zu zeigen: Wir machen ernst mit dem aktiven Widerstand gegen den gut gelaunten Schwachsinn des Coffeeshop-Unwesens.

»Was soll ich anziehen?« – über Garderobe und Haare

Meine Frau sagt: »Was soll ich anziehen?« Wie jeder weiß, der länger verheiratet ist oder in eheähnlicher Beziehung lebt, ist dies die Mutter aller Fragen. Es gibt darauf nämlich keine Antwort. Oder zumindest keine zufriedenstellende, es sei denn, man sagte geistesgegenwärtig, ein Anlass wie dieser (simple Einladung zum Abendessen!) verdiente eigentlich auch eine entsprechende Garderobe, und natürlich könne man mit dem zur Verfügung stehenden Material (aus Gründen, die man besser nicht zeitnah diskutiert) dem Anlass nicht wirklich gerecht werden – weswegen man sich am besten gleich in den nächsten Laden begebe, um etwas Entsprechendes zu erwerben.

Diese Geistesgegenwart würde einem allerdings kaum etwas nützen, weil die Frage in der Regel kommt, wenn man ohnehin bereits eine halbe Stunde zu spät ist und alle Läden schon zu haben. Bei näherer Betrachtung würde diese rein virtuelle Antwort, mit der man ohnehin nur in wirklichkeitsfernen Filmen wie »Pretty Woman« punkten kann, wahrscheinlich eher zu Gegenfragen führen, seit wann man eigentlich dieser Meinung sei, dass die vorhandene Garderobe offenbar nicht den einfachsten Ansprüchen genüge, und warum man nicht früher schon mal was gesagt habe, und da könne man ja mal sehen, wie wenig man sich offenbar für diese Frage interessiere, und überhaupt … Und das Letzte, was man in so einem Moment will, ist dieses »Und überhaupt …«

Das Beste ist also, wenn man die Frage ein wenig in der Luft hängen lässt, um abzuwarten, ob Alternativen genannt werden. Das funktioniert in der Regel auch ganz gut, aber es beseitigt das Problem nicht wirklich. Denn egal, welche Antwort man gibt, es ist die falsche. Aus Erfahrung klug geworden, weiß man das natürlich vorher schon und sagt das Gegenteil von dem, was man denkt. Schon die Art, wie darauf das »Ach ja?« fallen gelassen wird, macht allerdings schnell klar, dass die gegenteilige Antwort auch die falsche Antwort war. Wenn man sich dann beeilt, die eigene Meinung zu präzisieren, stellt man schnell fest, dass einem für die meisten weiblichen Kleidungsstücke die entsprechende Vokabel fehlt, dass man nur äußerst vage Farben benennen kann und eigentlich nur Sachen stammelt wie »Das Dings mit den Blumen drauf«. Oder waren es Flammen? Oder doch eher Streifen? Das ist ohnehin der Zeitpunkt, an dem sich meine Frau bereits zum dritten Mal komplett umgezogen und jede Hoffnung aufgegeben hat, dass noch irgendein konstruktiver Vorschlag von mir kommt. Ich weiß natürlich, dass die Frage von Anfang an rein rhetorisch war, aber wehe, man antwortet nicht gleich …

Umgekehrt haben Frauen einen umso sichereren Blick für die Garderobe ihrer Männer. Man kann sogar sagen, dass ihre Unbarmherzigkeit in keinem Verhältnis zu der Unsicherheit steht, die sie bei der eigenen Ankleide vortäuschen. Das gipfelt dann regelmäßig in dem Urteil: »So kannst du nicht rumlaufen.« Kommt natürlich immer dann, wenn man wegen der endlosen Anprobiererei ohnehin schon eine halbe Stunde zu spät ist. Also erwidert man entsprechend genervt: Was denn?

Schau dich doch mal im Spiegel an, heißt es dann. Ich sehe in den Spiegel. Ich sehe nichts. Will sagen: Ich sehe mich. Alles wie immer. Hemd, Hose, Sakko.

- Seit wann hast du das Sakko denn?
- Das war, lass mich überlegen … Das ist schon eine Zeit her.
- Genauso sieht es auch aus, sagt sie, das kannst du wirklich nicht mehr tragen.

Ich hasse diesen Satz. Ich komme mir dann einfältig und vor allem unförmig vor. Was denn, frage ich gereizt: Ist doch ein Eins-a-Sakko. Mein Vater würde sagen: Wieso, ist doch noch pfenniggut. Kann allerdings sein, dass ich das Sakko gekauft habe, bevor der Pfennig als Zahlungsmittel abgeschafft wurde. Das sage ich meiner Frau allerdings nicht. Stattdessen tritt sie hinter mich, schaut mir im Spiegel tief in die Augen und kneift an alle möglichen Stellen, hier und hier und hier, die anscheinend beweisen sollen, dass das Sakko zu wünschen übrig lässt. Die Schultern, die Ellbogen, das Revers, überall wird hingekniffen, bis ich mich wehre. Das Stück hat vielleicht schon mal bessere Zeiten gesehen, aber es erfüllt seinen Zweck …

So, sagt sie, nehme ich dich nicht mit. Ist mir auch recht. Bleibe ich eben zu Hause. Und behalte das Sakko den ganzen Abend an … Mache ich dann natürlich doch nicht, sondern ziehe ein anderes Sakko an, eines, das nach der Währungsreform erworben wurde. Und gehe doch mit.

Im Taxi fällt dann der unweigerliche Satz »Wir müssen dir mal wieder was zum Anziehen kaufen.« Den hasse ich auch. Nicht das Wir – denn alleine mache ich das ohnehin nie –, sondern die Aussicht, in einem überheizten Laden endlos von einer Hose in die andere schlüpfen zu müssen, von einem Verkäufer begutachtet zu werden, der an mir herumzupft, und mich im Spiegel zu sehen, wo ich mir dann tatsächlich dick, dumm und unfrisiert vorkomme. Und natürlich gibt es immer alles nicht in meiner Größe. Als wäre es nicht schon schwer genug, überhaupt etwas zu finden, ist immer irgendwas zu kurz oder zu lang, zu breit oder zu eng, und dann muss der Schneider kommen, um etwas abzustecken, und es dauert und dauert. Wenn ich Sachen kaufe, möchte ich in den Laden rein, ins Regal greifen und zur Kasse gehen. So ist es aber nicht. Nie. Immer dieses Rumgezupfe, Spiegelgegucke, Rausundreingeschlüpfe.

Frauen scheint das nichts auszumachen. Im Gegenteil. Sie machen das sogar dann, wenn sie gar nicht vorhaben, irgendwas zu kaufen. Nur so. Raus, rein, dies, das – und dann ziehen sie von dannen und hinterlassen einen großen Berg durchprobierter Anziehsachen, die irgendeine arme Sau dann wieder zusammenlegen muss. Macht ihnen aber nichts aus. Sie lieben das. Ich bewundere sie auch dafür. Finde es sogar irgendwie sexy – solange man mich in Ruhe lässt.

Aber natürlich lässt man mich nicht in Ruhe. Meine Frau schon gar nicht. Es kann also gut sein, dass ich mir vorm Spiegel unfrisiert vorkomme, aber das bleibt bei mir in der Regel ohne Konsequenzen. Bis meine Frau sagt: »Wann gehst du eigentlich mal wieder zum Friseur?« Ich muss zugeben, dass ich ohne diesen dezenten Hinweis mittlerweile wahrscheinlich über mein Haupthaar stolpern würde. Obwohl sich das Problem ab einem gewissen Alter womöglich durch Ausfall desselben von alleine löst. Zumindest bin ich auf dem besten Weg dahin. Mein Friseur jedenfalls macht sich nicht einmal mehr die Mühe, die sich auftuenden Lücken schönzulügen, wenn ich sie anspreche. Statt zu fragen »Was denn? Wo denn?«, sagt er allen Ernstes: »Der Herr hat's gegeben, der Herr hat's genommen«. Kein Wunder, dass sein Laden immer leer ist. Aber eine innige Beziehung war das ohnehin noch nie. Ich habe wohl das, was man undankbares Haar nennt und was deshalb logischerweise früher unweigerlich in eine Topffrisur mündete. Fotos, die vor meiner Volljährigkeit entstanden sind, habe ich deshalb sicherheitshalber vernichtet. So möchte niemand gesehen werden.

Als ich später mal für ein Frauenmagazin eine Geschichte über ein Modeshooting gemacht habe, und der anwesende holländische Stylist mit kariertem Jackett und orangenem Haar mich im Hintergrund stehen sah, unterbrach er auf der Stelle seine Arbeit, deutete auf mein Haupt und brüllte: »We definitely have to do something about this!« Er empfand meine Anwesenheit im selben Raum offenbar als professionelle Beleidigung. Es war klar, so konnte er nicht arbeiten. Also nahm er seine Schere und verpasste mir einen angemessenen Haarschnitt. Dabei war er so in Rage, dass er sich dabei saumäßig in den Finger schnitt. Ich glaube, er war auf Koks oder so was. Man kennt das ja aus dieser Branche. Ich war jedenfalls froh, dass mein Ohr drangeblieben war, und hatte zugegebenermaßen einen Eins-a-Kurzhaarschnitt.

Bis dahin hatten Friseure mich immer angesehen, mit der Schulter gezuckt und sich an ihr trauriges Werk gemacht. Und meine Mutter saß im Hintergrund und hat bei jedem Schnitt gerufen: Nicht zu viel, der Junge hat keinen Hinterkopf! Da hatte sie zweifellos recht, aber ich bin mir im Nachhinein nicht ganz sicher, ob die Topffrisur die geeignete Gegenmaßnahme war. Der irre Holländer hatte jedenfalls definitiv mehr aus meinem Typ gemacht, denn die Models hörten fortan auf zu kichern, wenn sie mich sahen. Mit mir geredet haben sie trotzdem nicht.

Der einzige Trost, der Männern mit sogenanntem schütteren Haupthaar bleibt, ist der Umstand, das die restliche Körperbehaarung wenigstens zuverlässig – man könnte sogar sagen: geradezu haltlos – weitersprießt. Ich bin allerdings nicht sicher, ob das wirklich als Trost gelten kann, dass einem plötzlich Haare aus der Nase hängen oder sich einzelne absurd lange Haare an die Ohrmuschel hängen. Ich saß mal bei einem Interview, zu dem mehrere Journalisten um einen runden Tisch gesetzt wurden, direkt neben einem berühmten Hollywoodkomponisten und war von dem Umstand, dass seine Ohren fast schon eine Art Pelzbewuchs hatten, so irritiert, dass ich keine einzige Frage stellen konnte. Denn die einzige, die mir einfiel, war: Hat Ihr enormer Erfolg als Musiker womöglich damit zu tun, dass Sie einen Pelz auf den Ohren haben? Man hätte natürlich auch fragen können, ob sein Friseur womöglich blind ist. Aber das wäre auch eher unpassend gewesen.

Ich will nicht ausschließen, dass mein Hang, unrasiert durch die Welt zu laufen, damit zu tun hat, dass ich der Welt beweisen will, dass ich durchaus noch in der Lage dazu bin, so etwas wie Haarwuchs zustande zu bringen. Meine Frau reagiert darauf jedoch gelegentlich mit der Bemerkung, wann ich mich eigentlich mal wieder rasieren würde. Die Frage ist in der Tat nicht ganz unberechtigt. Es ist zwar nicht so, dass mein Barthaar je so lang wäre, dass Essensreste darin hängen blieben oder Kleintierfamilien Zuschlupf finden könnten, aber die Stoppeln sind doch oft lang genug, um sensible Vorgänge wie Küssen deutlich zu erschweren. Nicht von meiner Seite, denn ich merke es ja nicht, aber vonseiten meiner Frau, die daran keinen großen Gefallen findet. Mein einziger Anhaltspunkt, was ihr Missvergnügen angeht, ist eine Geburtstagsfeier, wo ein sehr betrunkener und im Übrigen unrasierter Jubilar es zu vorgerückter Stunde für nötig hielt, seinen heterosexuellen Neigungen zum Trotz seine Freunde zu küssen – unglücklicherweise auch mich. Das war in der Tat kein Vergnügen.

Seither weiß ich, dass Küssen mit Bart deutlich weniger Spaß macht als Küssen ohne Bart. Allerdings gehört Rasieren zu den eher lästigen Pflichten des männlichen Daseins, das ja schon durch das Schleppen von Getränkekisten ausreichend beschwert ist. Dabei war es doch einst geradezu ein Ausweis ausgewachsenen Mannestums – denn die erste Rasur markierte den Eintritt ins Mannesalter. In französischen Filmen sah man Männer auf dem Weg zur Arbeit sich mit einem Batterierasierer im Rückspiegel rasieren und fand, dass man das unbedingt auch so machen wollte, wenn man mal groß ist. So bekam man seinen ersten Elektrorasierer, sobald der erste nennenswerte Flaum sich zeigte, und rasierte sich, als gebe es kein Morgen. Das Brummen, wenn sich die Scherblätter durch die Stoppeln fraßen, war Musik in den Ohren junger Männer. Es stellte sich aber bald heraus, dass die Rasur erstaunlich unangenehm war, denn es ziepte und brannte.

Erst Jahre später fand ich zur Nassrasur, die ungleich angenehmer, aber eben auch umständlicher ist, sodass tägliches Rasieren eher keine Option war. Legitimieren konnte man das durch die freundlicherweise zeitgleich aufkommende Mode des Dreitagebartes, der signalisieren sollte, hier habe man es mit jemandem zu tun, der echt Wichtigeres im Leben zu tun hat, als seine Zeit mit täglicher Rasur zu verschwenden. Und da musste dann eben auch das Küssen zurückstehen. Eine

Zeit lang versuchte ich auszusehen wie Ricardo La Volpe, der herrlich schlecht gelaunte argentinische Trainer der mexikanischen Fußballmannschaft, der wegen seiner auch am Spielfeldrand praktizierten Kettenraucherei auch La Fluppe genannt wurde und einen sogenannten Henriquatre-Bart rund um den Mund trug. Meine Frau fand zwar, er stehe mir gut, aber küssen wollte sie mich trotzdem nicht. Es stellt sich also die Frage, wie das all die Bartträger handhaben … Wahrscheinlich sind sie mit anderen Frauen verheiratet.

Ab einem gewissen Alter wird das mit dem Küssen ohnehin schwieriger. Schon einfachste Begrüßungsküsschen sind geradezu ein Wagnis, wenn das Gegenüber Brillenträger ist. Ein einfaches Bussibussi – und man hat sich praktisch das Auge ausgestochen. Unverantwortlich! Aber vielleicht muss ich diese Position überdenken, denn unlängst fragte meine Frau: »Kann es sein, dass du eine Brille brauchst?«

Nein, erwidere ich, während ich mich in einer Zimmerecke zu einer der spärlichen Lichtquellen herabbeuge: ICH brauche keine Brille. Ich ärgere mich nur, dass die ihre Informationen auf den DVD-Hüllen so klein drucken. Wer soll denn das lesen können? Das ist doch eine Zumutung.

Wie man halt so redet, wenn man eine Brille braucht, es sich aber nicht eingestehen will. Ich sehe mich dann immer schon mit mehreren Brillen an Bändern um den Hals in der Buchhandlung nach der Abteilung mit den Großdruckausgaben fragen. Als sei das Leben nicht so schon schwierig genug. Andererseits habe ich mir unlängst eingestehen müssen, dass sich eins meiner Hobbys irgendwie schleichend aus meinem Leben verabschiedet hat. Ich lese nicht mehr. Häppchenweise schaffe ich es gerade noch, wenn es in der Zeitung steht oder auf dem Bildschirm. Aber als ich kürzlich mal eine lange

Flugreise antreten musste, hatte ich ein nicht uninteressantes Buch dabei und musste nach der Landung feststellen, dass ich keine zwanzig Seiten geschafft hatte. Ich schob es auf den abendlichen Abflug und die Müdigkeit. Der Rückflug startete um die Mittagszeit – und nach zwölf Stunden Flug hatte ich neun Seiten gelesen, die ich seltsam anstrengend fand. Waren Bücher so langweilig geworden? War ich des Lesens wirklich überdrüssig geworden?

Als ich das einem Freund erzählte, fragte er: Kann es sein, dass du eine Brille brauchst? Unverschämtheit, dachte ich, bis ich mal heimlich eine der Einwegbrillen ausprobierte, die jemand bei uns vergessen hatte. Erstaunliche Erfahrung. Es ist ja nicht so, dass ich unter normalen Umständen die Buchstaben nicht deutlich erkennen würde, es ist nur so, dass das Zusammenfügen so mühsam ist. Plötzlich aber bildeten sie ganz mühelos wieder Wörter und ganze Sätze, und die Augen flogen nur so über die Seiten. Ich ging also in einem Drogeriemarkt, wo es gerüchteweise diese Lesehilfen geben soll. Ich fand sie aber nicht. Unter was soll man denn da suchen? Körperpflege, Haushaltsgeräte, Beauty oder dort, wo man Fotoabzüge bestellt? Als ich auch bei den Nagelscheren nicht fündig wurde, gab ich auf. Eine Angestellte anzusprechen, kam nicht infrage. Wie klingt denn das: Entschuldigung, wo finde ich bei Ihnen die Sehhilfen? Meine Frau sagte: Dann geh halt zum Optiker!

Da geht es aber doch schon los: Ich will keinen Optiker, der einem dann gleich irgendein Designergestell verkaufen will. Ich will die Anonymität des Drogeriemarktes, wo offenbar alle Welt sich zurechtfindet, nur ich nicht. Ich will vor allem meiner Frau, wenn sie mal wieder eine ihrer zahllosen Brillen verlegt hat, suchen helfen können, ohne selbst nach meiner

Brille suchen zu müssen. Verdammt, ich will einfach sehen können. Das ist doch nicht zu viel verlangt.

Ich will nicht nur sehen können, sondern auch laufen können. Aber wie das Leben so spielt, gerät man irgendwann bei den einfachsten Dingen an seine Grenzen. Ich sage nur: Einlagen. Aus irgendeinem Grund halte ich das für eine der allerdemütigendsten Erfahrungen des Alterns: Einlagen. Willkommen im Reich der Gesundheitsschuhe! Da kann man ja gleich anfangen, Sandalen zu tragen. Nun gibt es eine Menge Gründe, sein Leben nach praktischen Gesichtspunkten einzurichten. Und dazu gehört womöglich auch, im Sommer Sandalen zu tragen. Schließlich spricht vieles dafür, wenn es heiß ist, die Füße zu belüften, indem man Schuhe mit Löchern trägt. Die alten Römer haben es ja schon so gemacht, und selbst Jesus hatte dafür offenbar seine speziellen Latschen, die dann auch folgerichtig nach ihm benannt wurden. Ehre, wem Ehre gebührt. Das wirft ganz nebenbei die Frage auf, ob und wie er eigentlich seine Fußnägel geschnitten hat, denn das war ja sicherlich deutlich vor der Erfindung der Nagelschere. Das sind so Fragen, die die Bibel immer ausspart. Die zugegebenermaßen, was das große Ganze angeht, vielleicht auch nicht so wichtig sind. Aber wir, die wir weltlicheren Fragen zugeneigt sind, sollten uns vielleicht trotzdem Gedanken darüber machen, ob Sandalen wirklich das richtige Schuhwerk sind, um durchs Leben zu gehen.

Man könnte sagen, dass Hitze und Schweiß den Gedanken nahelegen, im Sommer anderes Schuhwerk zu wählen als im Winter. Als ich sechs Jahre alt war, schien mir das auch noch eine plausible Lösung, die zu hinterfragen mir die Autorität fehlte. Mit zwölf war das nicht anders, aber ich habe die Sandalen auf dem Weg in die Schule an der nächsten Ecke gegen

Halbschuhe ausgetauscht, die ich heimlich im Schulranzen mitgenommen hatte. Warum sollte ich Sandalen tragen, mein Vater trug ja auch keine. Und ich habe eine Menge Schwüre in meinem Leben gebrochen, aber in einer Sache bleibe ich unbeugsam: Keine Sandalen mehr, bis ich ins Grab sinke. Ich habe eigentlich nichts gegen meine Füße, aber Sandalen sind keine Schuhe, in denen Männer durchs Leben laufen sollten. Cary Grant hat es nicht getan, Bogart nicht und auch sonst keiner, dem man in diesen Dingen trauen sollte. Wer dem Sommer partout Hallo sagen möchte, soll sich einen Campari bestellen oder wird andere Wege finden.

Und als wäre das nicht schon unansehnlich genug, gibt es auch noch Menschen, die Socken dazu tragen. Heißt das, dass sie dem Sommer doch nicht so ganz trauen und für einen plötzlichen Kälteeinbruch gewappnet sein wollen? Oder wollen sie sich abends nicht die Füße waschen müssen? Oder waren die Socken teurer als die Schuhe? Oder was? Letztlich sollte gelten: Wer nicht in Sandalen beerdigt werden will, sollte auch keine tragen.

Andererseits gibt es durchaus auch Phasen im Leben, für die man rückblickend nicht unbedingt bürgen möchte. Anfang zwanzig hatte ich eine Phase, in der ich ernsthaft ohne Socken in Halbschuhen herumlief, deren Senkel ich offen ließ. Schwer zu rekonstruieren, was ich mir damals dabei dachte – damals erschien es mir das Natürlichste von der Welt. Und als ich sechzehn war, hatte ich eine Phase, in der ich rätselhafterweise Krawatten trug, mit Aktenkoffer in die Schule ging und davon schwafelte, ich würde nach dem Abitur eine Banklehre machen, dann auf eine Wirtschaftsuni bei Paris gehen, um danach Geld zu scheffeln. Aus heutiger Sicht muss ich sagen, dass es mir schleierhaft ist, warum ich damals nicht schon an der Bushaltestelle zusammengeschlagen und mit dem Kopf in den nächstbesten Mülleimer gesteckt wurde. Denn so weit ich mich erinnere, trugen alle anderen, die bei Sinnen waren, Parka und Palästinensertücher – außer denen, die ihre Anziehsachen noch von ihren Müttern rausgelegt bekamen, und dem einen, der sich nur wenige Freunde machte mit der Ankündigung, er wolle später mal Vorsitzender der CSU werden.

Das mit den Krawatten und dem Aktenkoffer ließ ich irgendwann wieder, aber noch am Tag vor der Einschreibung an der Uni war ich davon überzeugt, ich würde Betriebswirtschaft studieren, bis meine Eltern die segensreiche Idee hatten, mich zu fragen, was mich eigentlich interessiert. Ich druckste herum, dass mir Kunstgeschichte vielleicht eine Terz näher läge, aber man ihnen ja wohl kaum zumuten könne, ein Studium mit solch begrenzten Zukunftsaussichten zu finanzieren. Das, meinten sie, solle ich mal ihre Sorge sein lassen.

Kunstgeschichte fand ich dann schon nach kürzester Zeit lähmend, aber zur Betriebswirtschaft habe ich trotzdem nie gefunden. Schade eigentlich. Andererseits bin ich jemand, auf den ich in Finanzdingen nicht unbedingt angewiesen sein möchte. Unter anderem deswegen, weil ich jahrelang dem Irrglauben aufgesessen bin, die Kirchensteuermahnungen würden sich schon irgendwann in Luft auflösen, wenn ich sie nur lange genug ignorierte – der alljährlich auftauchende Gerichtsvollzieher war da anderer Meinung. Liest man allerdings in diesen Zeiten die Zeitung, hat man den dringenden Verdacht, dass das exakt die Haltung ist, die nicht nur das Bankwesen, sondern das ganze Weltwirtschaftssystem sich zur Geschäftspolitik gemacht hat. So gesehen hätte meiner Karriere als Investmentbanker eigentlich nichts im Wege gestanden.

Ich will damit eigentlich nur sagen, dass nicht viel gefehlt hätte, und ich wäre einer dieser Typen, die 350 Millionen vergeigen, weil sie übers Wochenende echt Wichtigeres zu tun haben, als die Nachrichten zu verfolgen. Ich bin quasi der Typ, der Ihr mühsam Erspartes verzockt, der Mann, der Ihre Altersvorsorge vor die Wand fährt, die Sau, die für nichts zur Verantwortung zu ziehen ist.

Man ahnt gar nicht, wozu Kunstgeschichte manchmal alles gut ist.

0,5 Liter
frische Vollmilch
frische
Vollmilch
3,5% Fett

»Lebensmittel müssen in den Kühlschrank« – über Verfallsdaten

Meine Frau sagt: »Lebensmittel müssen in den Kühlschrank.« Jawoll, sage ich, ist mir bekannt. Denn Lebensmittel, die die Nacht in der Pfanne auf dem Herd verbringen, werden in der Regel nicht bekömmlicher, sondern ändern langsam Farbe und Geruch – und was immer an Restleben in ihnen steckt, droht eine eigene Intelligenz zu entwickeln, die ihrem Ernährungscharakter deutlich zuwiderläuft. Weiß ich alles, sage ich, muss in den Kühlschrank.

Warum die Pfanne dann immer noch auf dem Herd steht? Einfache Erklärung: Ich hasse es, die Reste in Schüsseln zu füllen und mit Frischhaltefolie zuzudecken. Nicht weil ich was gegen Reste hätte, obwohl ich eher zum Aufessen tendiere – und zwar ratzeputz, so habe ich es gelernt –, sondern weil ich Frischhaltefolien hasse. An sich zweifellos eine wunderbare Erfindung, aber mir will nicht in den Kopf, warum der Mensch zwar auf den Mond fliegen und drahtlos kommunizieren kann, aber offenbar nicht imstande ist, Frischhaltefolienverpackungen herzustellen, die so konstruiert sind, dass sich das verdammte Plastikzeugs umstandslos abreißen lässt. Ich schwöre, dass es mir in meiner Karriere als Frischhaltefolienkäufer noch kein einziges Mal gelungen ist, die Packung so aufzureißen, dass die Abrisskante, oder wie das Teil mit den Zähnen heißt, intakt geblieben wäre.

Ich bin in diesen Dingen an sich kein völliger Depp, auch wenn ich zugebe, dass die Verschlüsse der Pizzatomatendosen gelegentlich abbrechen, ohne die Dose zu öffnen, aber für die sachgemäße Benutzung von Frischhaltefolienverpackungen reichen durchschnittliche Begabungen offenbar nicht aus. Sie genügen jedoch, um zu recherchieren, dass diese sogenannten Adhäsionsfolien durch lockere molekulare Bindungen zur Haftung befähigt werden, die man Van-der-Waals-Bindungen nennt. Damit bezeichnet man »die relativ schwachen nicht kovalenten Wechselwirkungen zwischen Atomen oder Molekülen, deren Wechselwirkungsenergie mit etwa der sechsten Potenz des Abstandes abfällt«. Leider haben wir nicht Physik studiert, aber nähere Information gibt es in einem Buch, das allen Ernstes folgenden Titel trägt: »Identity of the van der Waals Force and the Casimir Effect and the Irrelevance of these Phenomena to Sonoluminescence«. Keine Ahnung, was der Casimir-Effekt ist, aber ich habe den dringenden Verdacht, dass er womöglich den Umstand bezeichnet, dass die Physik zwar alles weiß, aber gelegentlich Schwierigkeiten hat, ihr Wissen auch idiotensicher umzusetzen.

Meine Frau fragt, ob ich noch weiter Vorträge halten wolle, und nimmt kurzerhand ein Küchenmesser, mit dem sie die Frischhaltefolie einfach abschneidet. So kann man es natürlich auch machen. Womöglich ist das der Unterschied zwischen Männern und Frauen: Sie wollen Lösungen und keine Probleme – und schon gar keine Erklärungen.

Gerade in der Küche stoßen diese beiden Haltungen aber immer wieder aufeinander. Das geht schon mal damit los, dass dort, wo mich ein leerer Kühlschrank angähnt, meine Frau immer noch etwas findet, was sich zu einem Mittagessen kombinieren lässt. Mit unbegreiflicher Entschlossenheit greift sie aus den Restbeständen irgendwelches Zeugs, was sich – schnippel, schnippel – in der Pfanne in etwas verwandelt, was tatsächlich wie Essen aussieht.

Letztlich ist Kochen wohl so eine Art Interpretationssache. Man muss die Fähigkeit entwickeln, aus dem Verfügbaren jene Schlüsse zu ziehen, die man in keinem Kochbuch lernen kann. Bewundere ich natürlich. Und macht mich naturgemäß wahnsinnig. Wenn auf den Nudeln steht, dass sie acht Minuten brauchen, dann stelle ich den Küchenwecker. Meine Frau lehnt das ab. Wenn Nudeln fertig sind, dann sind sie fertig, sagt sie. Dafür brauche sie keinen Wecker. Ich bestehe aber auf meinen ordnungsgemäß gemessenen acht Minuten, über deren Festlegung italienische Lebensmittelchemiker nicht ohne Grund lange gebrütet haben. Unsinn, sagt meine Frau, so komme man beim Kochen nicht weiter. Genau dieses Ungefähre lähmt mich aber in der Küche. Ich mag klare Anweisungen. Wenn in einem Rezept 200 Gramm steht, dann muss das abgemessen werden; und wenn da Thymian steht, dann geht nicht Koriander.

Rezepte scheinen ohnehin ganz generell darauf ausgelegt, Gewürze einzufordern, die man nicht vorrätig hat und bei deren hektischem Zukauf man sicher sein kann, dass man sie auch nie wieder brauchen wird. Man sollte eine Art Gewürz-Sharing einführen, denn es kann nicht sein, dass in Millionen deutschen Haushalten zu einem Viertel angeraspelte Muskatnüsse in Regalen vor sich hindämmern. Müssen nicht immer Muskatnüsse sein. Gelegentlich darf es auch mal Beifuß sein. Oder es werden Lorbeerblätter gebraucht. Ganz egal, was man braucht: Man hat es nicht. Und der nächstgelegene Supermarkt auch nicht. Ich sage nur ein Beispiel: Pfefferkörner, schwarz. Bei keinem anderen Gewürz besteht eine ähnlich eklatante Diskrepanz zwischen Nachfrage und Angebot. Man kann geradezu darauf wetten, dass in einem beliebigen gut gefüllten Gewürzregal beim Lebensmittelhändler seines Vertrauens einem mit schöner Regelmäßigkeit nur ein einziges leeres Fach entgegengähnt: das mit den schwarzen Pfefferkörnern.

Warum sich die Pfefferhändler mit solcher Hartnäckigkeit weigern, dem Rechnung zu tragen, ist mir komplett schleierhaft. Es gibt weißen Pfeffer in ganzen Körnern, es gibt bunten Pfeffer in allen Darreichungsformen, aber den schwarzen Pfeffer gibt es immer nur gemahlen. Bei mir hat das im Lauf der Zeit dazu geführt, dass ich zwanghaft jedes Mal, wenn schwarzer Pfeffer in Körnerform vorrätig ist, sicherheitshalber ein paar Packungen kaufe. Mit dem Erfolg, dass mittlerweile ein Regalfach unseres Vorratsschranks mit schwarzen Pfefferkörnern gefüllt ist, die schätzungsweise auch noch den Bedarf unserer Urenkel decken werden oder alternativ den eines Flächenstaates wie Niedersachsen. Im Grunde bin ich da nicht mehr weit von jenen Typen entfernt, die in den Zeiten des Kalten Kriegs im Keller ihres Reihenhauses Vorräte von destilliertem Wasser, Zwieback und Essiggurken angelegt haben. Für den Fall eines Atomkriegs oder falls der Russe kommt. Ich könnte also im Falle eines Falles den Feind unter Umständen mit Pfefferkörnern bewerfen. Wenn ich gelegentlich nach dem Rechten sehe und die Pfefferpäckchen wieder ordentlich in Reih und Glied gestellt habe, gehe ich unsere Restbestände durch.

Dass das nicht allzu häufig vorkommt, sieht man schon daran, dass ich dabei unlängst auf ein Glas mit Artischockenherzen gestoßen bin, die ihr Verfallsdatum um zwei

Jahre überschritten hatten. Und die Flasche mit dem Tabasco war farblich auch nicht mehr richtig fein, obwohl da noch nicht einmal ein Datum genannt wird. Und als ich die Konserve mit den Schattenmorellen aus einer hinteren Ecke fischen wollte, schien sich darin sogar etwas zu bewegen. Es spricht zwar manches dafür, dass man nur lange genug warten muss, bis sich in diesen Konserven intelligentes Leben entwickelt, mit dem man dann vielleicht gelegentlich Halma oder sogar Schach spielen kann, aber im Fall der Schattenmorellen wollte ich es nicht darauf ankommen lassen. Also Augen zu und in den Müll damit. Ach ja, Thymian war natürlich nicht da. Musste ich erst besorgen. Und habe zur Sicherheit ein paar Päckchen Pfefferkörner dazugekauft.

Was Rezepte angeht, so muss ich zugeben, dass deren strikte Befolgung nicht zwangsläufig zum Erfolg führt. Wenn da also steht, man solle irgendwas zehn Minuten lang in der Pfanne braten, bis es goldbraun aussieht, dann stellt man meist fest, dass auch nach fünfzehn Minuten das verdammte Zeug keine Anstalten macht, seine Farbe zu ändern, und nach zwanzig Minuten wiederum keineswegs zum Goldbraunen tendiert, sondern diese Farbstufe einfach übersprungen zu haben scheint, um gleich ins Verkohlte überzugehen.

Zu großer Form laufe ich in der Küche eigentlich nur auf, wenn meine Frau krank ist und sich zwangsläufig in meine Hände begeben muss. Ich sage nur: Hühnersuppe! An deren Zubereitung gefällt mir vor allem, dass schon Marlene Dietrich mit diesem Rezept ihren Geliebten Jean Gabin aufgepäppelt haben soll, wenn er krank war. Dieser Umstand hat schon deswegen etwas Tröstliches, weil darin so vieles zusammenkommt, was die Filmgeschichte sonst unterschlägt: Marlenes patentes Wesen, Gabins seltene Schwäche und das Pantoffelglück der beiden. Ich muss immer an dieses Bild des kranken Gabin und der kochenden Marlene denken, wenn von Traumpaaren des Kinos die Rede ist. Weil eben auch so eine Liebe bei all ihrem Glanz am Ende von solchen ganz grundlegenden Dingen zusammengehalten wird. Wie auch immer, meine ähnlich patente Mutter hat mir das Rezept mal aufgeschrieben, und obwohl Zutaten und Zubereitung durchaus überschaubar sind, muss ich es jedes Mal zur Hand nehmen, um nichts falsch zu machen. Sonst vergesse ich die Lorbeerblätter oder die Pfefferkörner – wenn nicht gar das Huhn.

Die Hühnersuppe hat jedenfalls irgendwann ihre Schuldigkeit getan, und am dritten Tag hilft auch der Verweis auf Marlene nicht mehr so richtig. Da ich aber nur nach Rezept oder Anweisung einkaufen kann, musste ich meiner Frau gestehen, dass wir nicht wirklich etwas zum Essen zu Hause haben und sich im Kühlschrank auch nichts befindet, woraus man zur Not etwas zaubern könnte. Ein von einem Fest übrig gebliebenes Mango Chutney, außerdem eine jener selbst gemachten Marmeladen, mit denen man fallweise von Freunden mit eigenem Garten unweigerlich beglückt wird, ein Glas Sardellen, ein Bund Petersilie von letzter Woche und ein paar Medikamente, die kühl gelagert werden sollen. Daraus kann schätzungsweise auch keiner der Fernsehköche etwas zubereiten, was man ernsthaft Essen nennen könnte.

Da erinnerte sich meine Frau an eine Dose Ragout Fin im Schrank, die dort zwar schon seit Jahren mit uns lebt, aber in dem Moment eine durchaus plausible Idee darstellte. Und tatsächlich: Trotz des bereits greisen Alters der Konserve stand dort als Verfallsdatum 2015. Wie das sein kann, dass sich Puten- und Kalbfleisch in Champignons ohne Konservierungsstoffe so lange halten, wo die nächstbesten Essensreste nach ein paar Tagen im Kühlschrank bereits Anstalten machen, sich in ihrem bläulichen Pelzbezug in Bewegung zu setzen, ist mir zwar schleierhaft, war aber eine Frage, die ich im Zuge der Krisenbewältigung erst mal hintanstellte. Ragout Fin – fabelhafte Idee! Das wurde vermutlich überhaupt nur erfunden, um im Krankheitsfall Trost zu spenden. So wie die Flasche Worcester-Sauce, die ausschließlich bei diesem Gericht zum Einsatz kommt. Ihr Verfallsdatum habe ich dann allerdings nicht geprüft. Marlene war da sicher auch nicht so zimperlich.

Warum ich meinen bescheidenen Fähigkeiten als Koch zum Trotz manchmal zum Übermut neige, ist mir selbst kaum verständlich. Aber gelegentlich darf man ja wohl noch nach den Sternen greifen. Wollen. Versuchen. So kam es also, dass ich nicht nur Freunde zu Thanksgiving eingeladen und ihnen einen Truthahn zugesagt hatte, sondern auch das Ansinnen, das Ding gegen Bezahlung fertig anliefern zu lassen, weit von mir gewiesen hatte. Ich hatte getönt: Das Geld können wir sparen, das können wir auch selber, so schwer kann das ja nicht sein. Meine Frau sagte nur: »Um den kümmerst du dich aber dann!« Selbstverständlich, erwiderte ich, kümmere ich mich.

Ging also zu dem christlichen Obdachlosen-Biolandwirtschaftsprojekt um die Ecke und bestellte einen Truthahn, fünf Kilo. Kein Problem. Bis meine Frau fragte: »Und passt der auch in unseren Ofen?« Natürlich passt der, Millionen Amerikaner feiern alljährlich Thanksgiving, und noch nie hat man davon gehört, dass das Fest gescheitert wäre, weil der Ofen zu klein gewesen wäre. Zur Sicherheit googelte ich die Frage: Die Größe des Viehs wurde aber in der Regel nicht thematisiert, außer auf einer Seite, die darauf hinwies, der Amerikaner habe in der Regel größere Backöfen. Diesen Ausreißer verschwieg ich, maß unser Rohr aus und ging mit der Frage noch mal zum Obdachlosenmetzger, der sagte, das wisse er auch nicht, er glaube schon, vermutlich, vielleicht. Das sind nun so ein paar Vokabeln, mit denen man meiner Frau gar nicht zu kommen braucht. Nicht, wenn es darum geht, so einen Abend reibungslos über die Bühne zu bringen. Wir hatten das schon mal, dass wir aufs Geratewohl Currypaste in ein Gericht ohne genaue Rezeptangaben geschüttet haben und die Sache damit endete, dass das Angebot, man könne auch Pizza kommen lassen, wenn es jemandem tatsächlich zu scharf sein sollte, von allen, wirklich ausnahmslos allen Gästen angenommen wurde. Seither sind ungeklärte Voraussetzungen bei Abendeinladungen keine Option mehr.

Ich ging also zum dritten Mal zu dem Laden, und diesmal war der bärtige Chef da, der abwinkte und meinte: Fünf Kilo, kein Problem! Es waren dann sieben, aber auch die fasste unser Ofen. Die Zubereitung war ein Klacks, wenn man davon absieht, dass ich den Hals dieses wirklich bemerkenswert hässlichen Vogels mit der Säge durchtrennen musste, weil die Geflügelschere kapitulierte, und ich nach sieben Stunden Zubereitung so mit den Nerven runter war, dass ich keinen Bissen runterbrachte. Soll aber toll geschmeckt haben, der Vogel. Machen wir wieder. Nachahmern sei gesagt: In ein 30x40-Rohr passt auch ein Zehnkilo-Truthahn. Müsste. Sollte. So in etwa zumindest. Wer es nicht glaubt, soll halt beim Caterer bestellen.

Mit Truthahn ist man jedenfalls auf der sicheren Seite bei meiner Frau. Irgendwie hat es das hässliche Vieh geschafft, noch nicht in Verruf zu geraten. Obwohl ich mich gelegentlich frage, wo eigentlich all diese Vögel gehalten werden, die diese Unmengen an Putenfleisch hergeben. Bei all dem anderen Fleisch, das wir essen, besteht ein gewisser Proporz zwischen dem Vorkommen in den Tiefkühlregalen in den Supermärkten und ihrem Vorhandensein in der freien Natur. Wenn man so durch die Landschaft fährt, sieht man Rinder und Kälber, Schweine und Hühner. Aber man stolpert doch eher selten über Truthähne – jedenfalls nicht so oft, wie es das Nahrungsaufkommen vermuten ließe. Wo sind die denn? Wo werden sie gehalten? Und kann das gesund sein, sich von einem Tier zu ernähren, dessen Existenz in unseren Breiten gar nicht gesichert ist? Nur weil im Rind der Wahn, im Schwein die Pest und im Vogel die Grippe drin ist?

Aber dieses Thema wird geflissentlich übergangen. Stattdessen wird kräftig auf dem Schwein herumgehackt. Erst kürzlich fragte mich meine Frau, ob ich diese Sendung übers Schweinefleisch gehört habe. Ich habe sie natürlich nicht gehört, denn irgendwie funktioniert Radio bei mir nicht. Was dort gesagt wird, geht bei mir zum einen Ohr hinein und zum anderen hinaus. Ich will gar nicht leugnen, dass bei eingehender Untersuchung meiner Merkfähigkeit womöglich festgestellt wird, dass ich mir im Radio Gehörtes besser merken kann als im Buch Gelesenes. Aber ich glaube einfach nicht daran – die Flüchtigkeit des Mediums scheint mir geradezu mit Händen zu greifen zu sein. Eine meiner besten Freundinnen arbeitet fürs Radio – aber ich kann sie nicht hören. Irgendwas am in den Äther gesprochenen Wort ist mir nicht geheuer. Vielleicht erinnert es mich an die Vergäng- und Vergeblichkeit allen Tuns. Quatsch. Aber ich muss ausschalten, sobald jemand im Radio zu reden anfängt. Mit Mühe ertrage ich es, mir noch anzuhören, welches von drei Klassikstücken in der Gunst der Hörer vorne liegt, aber wenn es dann nicht zügig auch gespielt wird, bin ich weg. Musik gerne, aber Reden nicht.

Und schon gar nicht eine Sendung, in der man eine halbe Stunde lang beschworen wird, vom Schweinefleisch abzulassen. Meine Frau fühlte sich bestätigt, denn ihr war Schwein schon immer suspekt – ich fragte mich nur, was das mit Kultur zu tun hat. Ich will gar nicht abstreiten, dass es ein, zwei gute Gründe gibt, an unseren Ernährungsgewohnheiten zu rütteln. Und man braucht schon einen robusten Magen, damit einem nach Rinderwahn, Schweinepest und Vogelgrippe nicht der Appetit vergeht. Zumal der Verzicht auf Schweinefleisch, wenn ich es recht verstanden habe, von Schweißfüßen, Verdauungsproblemen und Gelenkschmerzen kuriert. Ja, klar, Tofu schmeckt auch toll. Neee, wirklich. Aber ich bin Raucher. Und trinke zu viel. Esse zu unregelmäßig. Und schlafe zu wenig. Wenn ich all das irgendwann mal unter Kontrolle habe, werde ich darüber nachdenken, ob ich zu den Veganern übertrete. Aber bis dahin scheint mir viel für den Schweinebraten zu sprechen. Rein geschmacklich. Auch für Eier mit Speck. Aber das traut man sich in Gesellschaft schon kaum mehr zu sagen. Denn alle sind fit, alle achten auf sich, alle riechen gut, alles super. Und obwohl auch keiner mehr raucht, kann man auf keine Party gehen ohne eine Extrapackung, weil den ganzen neugeborenen Gesundheitsfreaks auf einmal einfällt, sie könnten sich jetzt mal eine gönnen. Nur um zu sehen, wie wenig sie es vermissen. Wie gut sie sich unter Kontrolle haben. Und alle wollen früher drei Schachteln geraucht haben, obwohl selbst starken Rauchern nach zweien schlecht wird. Aber ich mache gerne den Dealer. Soll keiner sagen, ich sei ein Schwein.

»Bist du kaufsüchtig?« – über die Gefräßigkeit des Filmliebhabers

Meine Frau sagt: »Sag mal, kann es sein, dass du kaufsüchtig bist?« Ich antworte wahrheitsgemäß: Nicht, dass ich wüsste. Allerdings entspricht das vielleicht doch nicht so ganz der Wahrheit, denn gelegentlich befällt mich auch der Verdacht, dass ich womöglich nicht alle Tassen im Schrank habe, wenn ich auf die hüfthohen DVD-Stapel in meinem Zimmer blicke, die sich auf eine Weise vermehren, dass die Putzfrau immer weitere Kreise um sie ziehen muss. Aber kaufsüchtig würde ich das nicht nennen. Damit bezeichnet man meinem Verständnis nach Leute, bei denen es frühmorgens an der Tür klingelt, wo ein kleines Männlein mit größtem Bedauern sein Sprüchlein aufsagt, während sich seine zwei stämmigen Mitarbeiter an ihm vorbeischieben, um die Couchgarnitur, den Plasmafernseher und die Sammlung mit Schmucktellern eines finnischen Porzellankünstlers abzutransportieren. Aha, sagt meine Frau, und wie ich das denn dann bitte nennen wolle, wenn einer in zwei Monaten 23 Bestellungen für Filme aufgibt, die er nicht nur schon ein Mal, sondern meistens auch schon zwei Mal besitzt? Einmal auf VHS-Kassetten aufgenommen, die im Keller lagern, noch einmal auf DVDs, die sich in der Wohnung stapeln, und nun ein weiteres Mal auf Blu-ray-Discs, die sich auf dem Couchtisch türmen. Dieselben Filme – drei Mal??? In dem Moment verrate ich meiner Frau nicht, dass ich manche Filme schon fünf Mal besitze, weil sie in immer neuen, besseren Fassungen erschienen sind. Und Blu-ray ist nun einfach das Allerbeste. Aber ich kann es ihr nicht verübeln, dass sie dafür kein Verständnis hat – die meisten meiner Freunde verstehen es auch nicht. Deshalb zur Erklärung: Blu-ray sieht aus wie eine DVD und ist im Grunde eine DVD, nur dass auf der Scheibe mehr drauf ist. Nicht mehr Material, sondern mehr Schärfe. Zumindest jene Idee mehr Schärfe, die den Unterschied zur Kinovorführung fast verschwinden lässt. Ich muss mich zugegebenermaßen manchmal selbst anstrengen, den Unterschied zur normalen DVD zu erkennen, aber es fühlt sich trotzdem so an, als würden sich Träume erfüllen, die so kühn sind, dass man sie sich noch nicht einmal vorstellen konnte, als man anfing, sich ins Kino zu verlieben. Die Gefräßigkeit des Filmliebhabers, der sich das Objekt seiner Begierde mit Haut und Haaren einverleiben will, kommt mit Blu-ray ihrem Ideal jedenfalls sehr nahe. Das ist allerdings nicht die Art von Ausführungen, mit der man bei einer Diskussion mit Blick aufs Kreditkartenkonto wirklich punkten kann. Manchmal denke ich, dass gemeinsame Kontoführung auch gewisse Nachteile birgt. Man wird so durchsichtig. Trotzdem: Kaufsüchtig ist etwas anderes.

Über die Uncoolness

Meine Frau sagt: »Vergiss nicht, dir Treueherzen geben zu lassen.« Das ist natürlich glatt gelogen. Würde sie nie sagen. Aber Treueherzen sind definitiv ein Thema, das ich ihr gerne in die Schuhe schieben würde. Zum besseren Verständnis für jene, die bei einer anderen Supermarktkette einkaufen: Treueherzen sind das, was früher Rabattmarken waren, nur dass man nichts kriegt, sondern was zahlen muss. Aus irgendwelchen wettbewerbsrechtlichen Gründen erhält man jetzt kein Geld mehr, wenn das Heftchen voll ist, sondern kommt lediglich in den Genuss, Teller-, Pfannen- oder Bestecksets günstiger zu erwerben. Ob die auch wirklich günstiger sind oder man sie womöglich im nächstbesten Kaufhaus zum gleichen Preis erwerben könnte, entzieht sich meiner Kenntnis. Teller, Pfannen und Besteck sind Dinge, für die ich kein inneres Preisbarometer habe. Wie übrigens auch nicht für Betten, die ich erstaunlich teuer finde, obwohl mir das Argument einleuchtet, dass man relativ viel Zeit in ihnen verbringt. Aber verglichen mit einem Regal etwa, für das kaum weniger Holz verarbeitet wird, scheinen mir die Preise überzogen. Zugegebenermaßen verbringt man in einem Regal nur wenig Zeit, aber es trägt doch auch tagaus, tagein über Jahre hinweg verlässlich seine Last. Egal. Ich sammle pflichtbewusst Treueherzen, obwohl es sich nur schwer mit meinem Vorstellungen von Cool vereinbaren lässt. Es ist mir geradezu peinlich, wenn die Kassiererin fragt, ob ich Treueherzen sammle. Ich bejahe dann mit verhaltener Stimme in der Hoffnung, dass es mein Hintermann nicht hört. Je mehr ich nuschele, desto sicherer fragt sie mit doppelter Lautstärke nach: SAMMELN SIE TREUEHERZEN? Das Wort finde ich so doof, dass sie mich genauso gut fragen könnte, ob ich Kuscheltiere oder rosa Unterwäsche sammle. Aber ich kann nicht anders: Ich will für 6,95 Euro das Tomatenmesser erwerben dürfen, obwohl ich noch nicht einmal weiß, wozu das gut sein soll. Tomaten schneiden sich auch mit anderen Messern ganz fabelhaft, sofern die halbwegs scharf sind, und wozu die beiden Spitzen gut sein sollen, hat mir eigentlich noch nie eingeleuchtet. Zum Aufspießen der Tomatenscheiben, heißt es, obwohl es bislang mit der Gabel auch ganz gut ging. Nun haben wir also ein Tomatenmesser, das wir nicht brauchen; ein Wiegemesser mit Holzbrettunterlage, das sich zum Zerkleinern von Walnüssen als unbrauchbar erwies; ein Suppentellerset, das wir nicht benutzen; und eine digitale Körperwaage, die beim ersten Besteigen drei Kilo mehr anzeigte als die bisherige. Offenbar wird Treue doch nicht immer belohnt.

Über das Aufstehen

Meine Frau sagt: »Kauf dir mal einen anderen Wecker.« Warum denn, frage ich, meiner funktioniert doch einwandfrei. Das tut er in der Tat. Das Problem ist auch eher, dass ich in der Früh nicht ganz so einwandfrei funktioniere. Genau genommen: eigentlich gar nicht. Meine Frau weiß das. Sie hat die Hoffnung auch längst aufgegeben, unternimmt aber an der Weckerfront einen wahrscheinlich letzten Versuch, ihren Mann vielleicht doch noch einer planvolleren Lebensgestaltung zuzuführen. Mir ist es ja grundsätzlich am liebsten, wenn ich von ihr geweckt werde. Ihr nicht. Das sei sinnlos, behauptet sie. Selbst nach hingebungsvoller Fußmassage würde ich wieder einschlafen, als sei nichts gewesen. Mein Hinweis, dass ich danach aber besser schliefe als zuvor, wird von ihr abgetan. Das sei nicht der Sinn. Beim Wecken gehe es darum, dass der andere aufwache – und nicht besser und tiefer weiterschlafe. Sie nennt das: Zementschlaf. Ich mag das Wort. So soll Schlaf sein: schnell bindend und kompakt. Ich weiß nicht, wann das eigentlich angefangen hat, dass ich nicht gerne ins

Bett gehe und auch nicht gerne aufstehe. Es ist geradezu so, dass ich umso später ins Bett gehe, je früher ich aufstehen muss. Das sind auf jeden Fall zwei verdammt schlechte Voraussetzungen, um mit meiner Frau Schritt zu halten, die im Prinzip gerne aufsteht und, wenn es sein muss, auch früh. Ich beneide sie darum. Der Morgen ist zweifellos eine zauberhafte Zeit, in der man viel erledigen kann, was später schwerfällt. Und wann immer man Porträts von erfolgreichen Menschen liest, stößt man unweigerlich darauf, dass sie nicht nur früh aufstehen, sondern auch wenig Schlaf brauchen. Ich brauche hingegen viel Schlaf – besonders in der Früh, wenn der Wecker klingelt. Das führt aber seltsamerweise nicht dazu, dass ich früher ins Bett ginge. Was dem Wecker wiederum die Arbeit nicht erleichtert. Es ist nicht so, dass sein Piepen nicht unangenehm wäre, aber ich kann ihn über längere Distanzen hinweg als fernes Störgeräusch in meinen Schlaf einbauen – außerdem hat er eine sogenannte Snooze-Taste, mit der man Aufschub erbitten kann. Unglücklicherweise ist sie auf acht Minuten eingestellt. Das reicht für mich völlig, um wieder in Tiefschlaf zu verfallen. So durchschlafe ich mein halbes Leben in Acht-Minuten-Etappen. Und das ist genau der Grund, warum meine Frau die Anschaffung eines neuen Weckers anregen möchte. Du brauchst, sagt sie, einen, der sich am besten minütlich in Erinnerung ruft. Hier aber versagt die Weltweckerindustrie. Man kauft quasi die Katze im Sack, wenn man einen Wecker erwirbt. Denn weder kann man wählen, welcher Ton einen allmorgendlich quält, noch hat man Einfluss auf den Aufschub, der einem gewährt wird. Das ist aber genau das, worum es beim Wecken geht.

Weckt mich, wenn das endlich erfunden ist …

Über das Aufräumen

Manchmal denke ich, dass das Einzige, was mich vom Messie im Endstadium trennt, der Umstand ist, dass sich gelegentlich Besuch anmeldet und ich dazu angehalten werde, wenigstens an den öffentlich zugänglichen Stellen unserer Wohnung, Ordnung zu schaffen. Früher hieß es einfach: »Jetzt räum mal den Verhau auf!« Ich habe das schöne Wort mal gegoogelt und, Wikipedia sei Dank, gelernt, dass Verhau (veraltet auch: Verhack) ein aus sperrigen Teilen bestehendes Hindernis bezeichnet, das bei feindlichen Auseinandersetzungen als erste Abwehrmaßnahme vor den Befestigungsanlagen angelegt wurde. Tja, das erklärt einiges. Meine Unordnung ist in Wahrheit ein unbewusst angelegtes Hindernis, um mir Gäste vom Leib zu halten, die mir womöglich feindlich gesinnt sind. Na, dann werde ich doch noch ein paar DVD-Türme zur Sicherheit als Verhack vor die Haustür stellen, und dann wollen wir mal sehen, ob sich noch jemand bis in unsere Wohnung vorwagt.

Ich kannte mal einen Kollegen, dessen Wohnung war nicht nur bis zur Decke mit Regalen ausgekleidet, sondern auch hüfthoch mit Büchern, Zeitschriften und Videokassetten zugestellt, durch die man sich nur mit angezogenen Armen bewegen konnte – und zwar von der Wohnungstür zum Sofa, vom Sofa zum Fernseher und von dort zum Bett. Irgendwo muss es auch Abzweigungen zum Bad und zur Herdplatte gegeben haben. Es war also Land unter, aber der Mann schwor, er würde jederzeit alles wiederfinden. Eines Tages, als er sein Verhack verlassen hatte, soll in seinem Schlafzimmer ein tonnenschweres Regalbrett aus der Wand gerissen und das Bett unter sich begraben haben. Eigentlich ein glücklicher Tod für jemanden mit dieser Veranlagung – von der eigenen Sammlung begraben. Nach der Verhau-Logik könnte man allerdings behaupten, dass die eigene Sammlung ihn als Feind betrachtet hat, der in seiner eigenen Wohnung nicht mehr willkommen war – und er diesem Anschlag nur knapp entkommen ist.

Bei uns haben die diversen Sammlungen noch nicht angefangen zurückzuschlagen, sondern lassen sich durch zweireihiges Stellen in den Regalen oder durch entschlossenes Zurückdrängen in Stauräume noch im Zaum halten. Aber wer weiß, vielleicht planen all die DVDs, Bücher, Videokassetten, Postkarten, Zeitungsausschnitte, Modellautos und sonstiger Krimskrams irgendwo schon den Aufstand, um zum geeigneten Zeitpunkt zurückzuschlagen und über mich herzufallen, während ich schlafe. Manchmal kann ich im Halbdämmer ihre Feindseligkeit geradezu spüren.

Ich merke schon: Es wird Zeit, dass sich mal wieder Besuch ankündigt und jemand dem Verhau zeigt, wer Herr im Hause ist.

Über Träume

Ich bin normalerweise nicht der Mensch, der in der Früh mit einem Lied auf den Lippen aufwacht. Eher im Gegenteil. Und im Winter schon gar nicht. Aber gelegentlich passiert es, dass man aufwacht und eine Melodie im Kopf hat, die man nicht mehr loswird. Wahrscheinlich hat man von ihr geträumt, aber man erinnert sich nicht mehr. Leider handelt sich dabei in der Regel nicht um Mozarts Fagottkonzert oder ähnlich Erbauliches, sondern mehr um Sachen in der Liga von »La cucaracha«. Ich möchte mal wissen, was ich bitteschön geträumt haben soll, was allen Ernstes mit »La Cucaracha« angemessen unterlegt wäre. Es müsste eine Art Albtraum sein, bei dem man zu zweit am Strand liegt, dem Plätschern der Wellen lauscht, eine sanfte Brise über die Haut streicht – und plötzlich stehen drei singende Mexikaner im Poncho neben einem und erwarten Bezahlung, während man ihnen klarzumachen versucht, dass man sein Geld im Hotelzimmer liegen habe. Aber diese Typen tauchen gottlob nur in ausländischen Restaurants oder hiesigen Fußgängerzonen auf, aber nicht in meinen Träumen. Ich habe die Sache also gegoogelt und festgestellt, dass der Text von einer Küchenschabe handelt, die nicht mehr gehen kann, weil ihr das Marihuana ausgegangen sei. War mir neu. Ich dachte immer, La Cucaracha sei irgendeine Mexikanerin, nach der die Männer verrückt sind, oder irgendwas in der Art. Ich achte nicht so auf Liedtexte. Ich rauche auch kein Marihuana und muss mir deswegen in Träumen keine Sorgen machen, es könnte mir ausgehen. Vielleicht sollte man über diese Dinge einfach nicht zu viel nachdenken.

Manchmal wache ich auch nur mit einem einfachen Wort auf, das sich irgendwie zwischen meinen Träumen verhakt hat. Verhohnepipelung zum Beispiel. Aus dem Umstand, dass es bei Google nur anderthalbtausend mal auftaucht, schließe ich, dass nicht allzu viele Menschen aufwachen und wie ich den Zwang haben, dieses Wort wieder und wieder vor sich hinzumurmeln und über seine Herkunft zu grübeln. Andererseits muss man gar nicht wissen, wo es herkommt – es reicht völlig zu wissen, wenn man verhohnepipelt wird, um in seinem Klang Trost zu finden. Wenn man etwa bei der Fluglinie, für die der nette Herr aus dem Fernsehen wirbt, im Internet einen einfachen Flug bucht und am Ende dafür fünfzehn Euro »Servicegebühren« zahlen muss. Das ist so, als ob man im Supermarkt eine Milch für 79 Cent aus dem Regal nimmt und an der Kasse 94 Cent verlangt werden. Für den Service, dass man sich die Milch selbst aus dem Regal nehmen darf. Oder dafür, dass überhaupt Milch im Angebot ist. Oder wofür? Wenn das keine Verhohnepipelung ist, dann will ich eine Küchenschabe sein. Marihuana hin oder her.

Über Banken

Vor mehreren Jahren hieß es plötzlich, wer jetzt kein Haus hat, baut sich keines mehr. Man müsse sich also dringend Wohneigentum im Osten zulegen, denn irgendeine steuerliche Vergünstigung drohte auszulaufen – und wer diesen Zug verpasse, der könne im Alter zusehen, wo er einen Platz zum Schlafen findet. Besonders die Herrschaften von der Immobilienabteilung meiner Bank machten sich große Sorgen um meine Zukunft, und weil ich damals an die Seriosität von Banken noch glaubte wie ein Katholik an die seiner Kirche, ließ ich einen freundlichen Herren und seine Assistentin aus der Immobilienabteilung meiner Bank in die Wohnung. Ich möchte mich jetzt nicht in Details verlieren, aber die beiden stellten mir eine Rechnung auf, die auch dann nicht funktioniert hätte, wenn ich die 50 000 Mark, auf denen sie basierte, besessen hätte. Meinem Hinweis, dass dieses Geld ja nicht vom Herrgott vom Himmel geworfen werde, sondern in der Rechnung irgendwo auftauchen müsse, begegneten sie damit, dass sie anfingen, auf ein Blatt eine Pyramide zu zeichnen, die mein Leben und seine Versorgungspfeiler darstellen sollte. Und als ich aber meinen Einwand wiederholte, sahen sie mich so mitleidig an, als wäre ich ein Kind, das versucht, Dinge zu verstehen, die seinen Horizont übersteigen – und zeichneten dieselbe Versorgungspyramide noch mal aufs Blatt. Und zwar genau diegleiche. Irgendwo darunter waren offenbar die 50 000 vergraben, die ich nicht hatte. Als der Herr, dessen dauernd nickende Assistentin mich ansah wie einen Fall von Demenz im letzten Stadium, anfing, eine dritte Pyramide aufzuzeichnen, beendete ich das Gespräch. Beim Gehen hatten sie denselben Ausdruck wie die Zeugen Jehovas, wenn man sie abwimmelt – als täte es ihnen aufrichtig leid, dass man ihrer höheren Weisheit noch nicht teilhaftig werden könne.

Seither habe ich begriffen, dass Banken auch nichts anderes sind als die Zeugen Jehovas und ihr Geschäftsgebaren vor allem auf gutem Glauben basiert. Für Zahlen, Daten, Fakten ist da eher weniger Platz. Deshalb war ich natürlich besonders entzückt, als sich meine Bank unter einen der Milliardenschirme flüchtete, die überall aufgespannt werden, damit keiner seinen Glauben verlieren möge. Was mich dabei aber doch befremdet, ist der Umstand, dass keine Köpfe rollten und auch sonst eifrig so getan wird, als hätten wir es mit einer Art Naturkatastrophe zu tun. So wie ich es verstehe, übernimmt in dieser Gesellschaft jeder Verantwortung für sein Handeln. Minister müssen gehen, wenn drei Ebenen darunter jemand Mist baut. Auch bei Bahnchef Mehdorn wurde jede Minute Verspätung sehr persönlich genommen. Und jeder Zocker, der im Casino oder auf der Rennbahn sein Geld verspielt, steht für seine Gier ein. Nur im Bankwesen scheint es zu genügen, ein paar Pyramiden auf ein Papier zu zeichnen, um alle glauben zu machen, es könne gar nicht anders sein. Womöglich sollte man aber Leuten, die nicht eins und eins zusammenzählen können, nicht alles glauben.

Über Gesellschaftsspiele

Meine Frau sagt: »Lasst uns Scrabble spielen.« Ich sage »Okay«. Aber nur, weil ich die letzten fünf Male gesagt habe: »Ohne mich.« Ich kann Scrabble nämlich nicht leiden – und Scrabble mich auch nicht. Ich habe eigentlich nichts gegen Gesellschaftsspiele – eher im Gegenteil –, nur etwas gegen solche, bei denen ich immer verliere. Und bei Scrabble verliere ich jedes Mal so haushoch, dass ich mir wie ein Analphabet vorkomme. Grundsätzlich ist der Blick auf den Buchstabensalat, aus dem sich keine Wörter fügen wollen, dem Gefühl des Schreiberlings, der das Wörterwirrwarr in seinem Hirn nicht zu vernünftigen Sätzen fügen kann, nicht ganz unähnlich. In der Regel hilft der drohende Redaktionsschluss, dem Hirn Beine zu machen. Aber das Drängen der Mitspieler beim Scrabble treibt die Lettern keineswegs zu Worten, sondern eher zur vollständigen Gewebeabstoßung zwischen den Buchstaben. Kurz: ich bin der Mann, der ein I an ein E legt, um wenigstens zwei Punkte zu ergattern. Das liegt auch daran, rede ich mir dann ein, dass mein Bänkchen wechselweise nur aus Vokalen oder nur aus Konsonanten zu bestehen scheint, und der deutsche Wortschatz aber ganz entschieden von der fröhlichen Durchmischung von beiden lebt. Gerne verirrt sich auch der Buchstabe Q zu mir, der zwanghaft dazu führt, dass ich auch noch auf ein Ä warte, um mich dem schönen Wort Quarantäne anzunähern. Das sind allerdings nicht die Art von Gedankengängen, die bei Scrabble belohnt werden. Dort gewinnt der, der an das Wort »lösen« erst ein D, dann ein E und schließlich ein S anhängt und dabei grinsend doppelte und dreifache Wortwerte einheimst. Ganz grundsätzlich muss ich allerdings sagen, dass die Annahme, manche Buchstaben seien mehr wert als andere, dem Vorgang des Schreibens widerspricht. Ich liebe sie eigentlich alle gleichermaßen. Wenn ich diese Betrachtungen zum unterschiedlichen Wesen von Spiel und Schreiben indes zur Sprache bringe, heißt es immer nur, ich solle die Klappe halten und endlich ein Wort legen. Wir reden hier allerdings von einer Familie, die allen Ernstes die Rechtmäßigkeit eines Wortes wie »Dünnhoden« diskutiert und erst durch den Umstand, dass sich nicht einmal bei Google ein einziger Treffer finden lässt, davon zu überzeugen ist, dass dies kein Wort der deutschen Sprache ist. Das führt dann dazu, dass triumphierend das Wort »Hodenweib« gelegt wird, was zwar nicht im Duden steht, aber bei Google Erwähnung findet – und das dann akzeptiert wird, damit endlich mal was vorangeht. Das ist nämlich der Hauptbeitrag von Scrabble zur deutschen Sprachkultur: Dass es durch seine brüllende Langeweile die Leute so mürbe macht, dass sie irgendwann auch den größten Unsinn akzeptieren.

Dann lege ich jetzt mal das Wort »Hochsenf«. Und wenn es das nicht gibt, müsste man es erfinden …

Auf den Hund 1

Aus Gründen, die ich kaum mehr rekonstruieren kann, besitzen wir einen Hund. Sagt man überhaupt: besitzen? Der Hund ist ja schließlich kein Sklave. Im Gegenteil: Wir sind eher seine Sklaven. Egal, wir haben also irgendwann einen Hund in unserer Mitte aufgenommen, und auch wenn ich mich erinnere, dass ich dabei war, als wir nach Ingolstadt gefahren sind, um ihn gegen ein Schweinegeld einem Züchter abzukaufen, kann ich nicht mehr rekonstruieren, in welchem Geisteszustand ich mich befunden haben muss, um mich zu dem Kauf überreden zu lassen. Im Grunde kann ich gar nichts gegen ihn sagen, er ist ein gut-, ja geradezu langmütiges Tier, das wochenends geduldig wartet, bis sich gegen elf jemand findet, der mit ihm vor die Tür geht. Das ist für Hunde eine geradezu widernatürliche Geduld, für die man gar nicht dankbar genug sein kann, denn es gibt eine Menge Hundebesitzer, die um sechs in der Früh von ihren Hunden vor die Tür gescheucht werden. Aber es gibt auch Leute, die ihre Wohnung putzen, ehe die Putzfrau kommt. Das hat zwar nicht wirklich etwas miteinander zu tun, fällt aber in dieselbe Kategorie von Aktionismus, mit der man sich das Leben unnütz schwer machen kann. Kurz und gut, wir haben einen ungewöhnlich freundlichen Hund, der Gott und die Welt schwanzwedelnd begrüßt, nur meine Gegenwart mit einer Gleichmut hinnimmt, die fast schon beleidigend ist. Andererseits beruht das auf Gegenseitigkeit. Ich finde, der Herr hat uns im Leben genügend Prüfungen auferlegt, da muss man sich nicht noch ohne Not einen Hund zulegen. Meine Familie hingegen ist mit dem Hund völlig eins, bejaht den Umstand, dass er im Grunde nicht gut riecht und die Strümpfe unserer Freunde frisst.

Trotzdem bin ich es, dem überproportional häufig die Aufgabe zufällt, mit ihm vor die Tür zu gehen. Als ich das unlängst tat, sprach mich eine fremde Frau an und sagte: »Sie haben Ihre Plastiktüte vergessen!« Ich antwortete wahrheitsgemäß: »Sie müssen mich verwechseln. Ich hatte keine Plastiktüte bei mir.« Woraufhin sie sich triumphierend zu einem nicht vorhandenen Publikum drehte und trompetete: »Typisch! Einen Hund haben, aber es nicht für nötig halten, Tüten mit sich zu führen!!« Ich ließ die Irre stehen, während sie weiterschimpfte. Man kann meinem Hund viel nachsagen, aber er achtet geradezu peinlich genau darauf, sein Geschäft nur an dafür vorgesehenen Stellen zu verrichten. Mein Hund braucht keine Tüten! Meiner nicht!

Als wir außer Reichweite der Tütenfrau waren, blickt er mich an, als sei nichts gewesen, und wedelte mit dem Schwanz. Irgendwie ist er ja doch in Ordnung. Auch wenn er nur ein Hund ist.

Auf den Hund 2

Meine Frau sagt: »Der Hund will raus!« Sie sagt das mit Ausrufezeichen, weil es klar ist, dass das meine Aufgabe ist. Sie hat ihn den ganzen Tag, ich bin die restliche Zeit für ihn verantwortlich. Tatsache ist aber, dass ich vor gerade mal zehn Minuten mit ihm draußen war, wo er ordnungsgemäß sein Geschäft verrichtet, zwei fremde Hündinnen geschwängert (obwohl er kastriert ist) und dann sämtliche Papiertaschentücher aufgelesen hat, um sie als Jagdbeute zu Hause zu verspeisen. Speziell Letzteres bereitet mir wenig Freude, aber versuchen Sie mal, einem Hund seine Beute zu entwenden … zumal ich in Zeiten der Schweinegrippe besonders wenig Initiative an den Tag lege, mit meinem Hund um ein benutztes Taschentuch zu ringen. Der Hund hat also seine tägliche Taschentuchration verspeist, signalisiert meiner Frau aber postwendend, er müsse raus – und zwar auf eine Art und Weise, als habe er es sich schon den ganzen Tag lang verkniffen und nun sei es wirklich genug. Ich sage also wahrheitsgemäß, ich sei mit ihm gerade draußen gewesen, das sei keine zehn Minuten her. Meine Frau akzeptiert das als Antwort – mein Hund nicht. Dafür gibt es nur eine Erklärung: Er ist verrückt geworden. Den Verdacht habe ich ehrlich gesagt schon länger. Er kriegt was zu fressen – und steht kurz darauf schwanzwedelnd vor mir und tut so, als sei er kurz vorm Verhungern. Er war gerade Pinkeln – und tut unmittelbar nach der Rückkehr so, als platze ihm gleich die Blase. Klare Sache: Er ist irre. Das ist auch kein Wunder, denn er ist zwölf Jahre alt, geht also nach menschlichen Maßstäben auf die neunzig zu, und da kann es schon mal passieren, dass man was durcheinanderbringt. Jenseits der achtzig hat meine Oma mich schließlich auch bei unangemeldeten Besuchen regelmäßig mit meinem Vetter verwechselt. Was einigermaßen irritierend war, weil der keinerlei Ähnlichkeit mit mir besaß und Fränkisch sprach. Andererseits sehe ich nicht ein, warum ich das meinem Hund durchgehen lassen soll. Ich finde, er könnte sich zusammenreißen. Vielleicht liegt es aber auch an dem Schmerzmittel, das er jeden Morgen ins Futter bekommt, weil seine Gelenke nicht mehr so richtig mitmachen. Ich glaube, er ist mittlerweile drogensüchtig und nicht mehr so ganz Herr der Lage. Er vergisst einfach alles, ob Futter, Gassi oder sonst was, er fängt praktisch dauernd wieder bei Null an. Wie ein Kind. Das ist fast schon wieder menschlich. Wenn ich genau nachdenke, werde ich mir für Weihnachten auch etwas von seinem Schmerzmittel genehmigen. Werde unterm Baum sitzen, meine Geschenke ausgepackt haben und im nächsten Moment schreien: Wo bleiben meine Geschenke? Vielleicht kann ich ja doch noch was von ihm lernen …

Über die Wut

Meine Frau sagt: »Jetzt werd doch mal richtig wütend!« Mal abgesehen davon, dass mich kaum etwas so wütend macht wie der Verweis auf mangelnde Wut, war ich richtig wütend. Gewesen. Einen Tag vorher. Als meine Frau unterwegs war. Und keine Zeugen anwesend. Mein Sohn hat mich allerdings gesehen, als ich von der Straße zurückkam und ihm sagte: »Fuck! Mein Fahrrad ist weg.« Und als er fragte »Wie: weg?«, sagte ich »Na, gestohlen. War an den Fahrradständer gesperrt und ist weg.« Er sagte »Oh« und dann »Fuck!«. Das war vielleicht nicht das, was man einen Tobsuchtsanfall nennt, und ich bin noch nicht einmal sicher, ob es sich wirklich als Wut qualifizieren ließe, aber wie soll man auch reagieren, wenn einem zum vierten Mal in zehn Jahren das Rad gestohlen wird. Auf der Straße stehen und rumbrüllen? Die nächstbeste Rentnerin zusammenschlagen, die ihren Hund vorbeiführt? Ich war scheißwütend, aber wenn man Sonntagabend auf einer Straße steht, auf der nichts los ist, außer dass an der Stelle, wo am Vorabend das eigene Rad gestanden hat, ein großes Nichts klafft, dann hat man relativ wenig Adressaten für die Wut, die einen packt. Und als meine Frau anderntags aus München wiederkehrte, wo das Räderstehlen noch nicht zum Volkssport verkommen ist, da hatte ich mir Folgendes zurechtgelegt: Vier Räder in zehn Jahren, das macht zweieinhalb Jahre pro Rad. Wenn man pro Rad etwa 250 Euro rechnet, macht das 100 Euro pro Jahr. Das sind sechs Taxifahrten von Charlottenburg zum Prenzlauer Berg. Oder 2500 Radkilometer pro Jahr. Das sind vier Cent pro geradeltem Kilometer. Wenn mich also jemand aufgefordert hätte, für jede Fahrt ins Büro und zurück 50 Cent zu spenden, wär mir das nicht viel vorgekommen. Diese Rechnung schien mir fruchtbarer, als einfach wütend zu sein. Obwohl ich zugebe, dass der Diebstahl mich schon deswegen verdross, weil mein Großvater, wenn er Zeiten beschwören wollte, die weniger verkommen waren als die Gegenwart, seine Reden stets mit den Worten anfing: »Als man sein Radl noch unabgesperrt stehen lassen konnte …«. Das muss in München vor dem Krieg gewesen sein, und so ganz kann ich mich diesem verheißenen Paradies nicht verschließen, weil mir nichts so sehr auf die Nerven geht wie das ständige An- und Aufsperren des Fahrrads, auch wenn man nur kurz in einen Laden will. Sagen wir mal, das dauert ein halbe Minute, dann macht das aufs Jahr gerechnet fast zehn Stunden, die man sinnvoller nutzen könnte. Und am Ende ist das Rad trotzdem geklaut. So betrachtet, spüre ich gerade eine große Wut in mir hochsteigen …

Meine Frau fährt ihr Fahrrad schon seit über dreißig Jahren. Ein und dasselbe. Ich glaube, sie wäre sehr wütend, wenn es ihr gestohlen würde.

Über Prinzipien

Mein Sohn fragt: »Warum geben wir dem nix?« Tja, warum? An einem Bettler vorbeigelaufen, nichts gegeben. (Darf man das heute überhaupt noch sagen? Oder muss man sie sozial Notständige nennen?) Es gibt ja Leute, die in diesen Dingen Prinzipien haben. Die entweder immer was geben oder nie was geben und die ihren Kindern auf Nachfrage dann gleich das entsprechende Lebensmotto mit auf den Weg geben können. Ich hingegen kann auf die Frage nur mit den Schultern zucken und sagen: »Weiß auch nicht. Mir war gerade nicht danach.« Das ist natürlich pädagogisch nicht gerade der Weisheit letzter Schluss. Aber die Wahrheit. Nie etwas zu geben, scheint mir irgendwie herzlos, aber den möchte ich sehen, der in Berlin wirklich jedes Mal was gibt, wenn sich die Gelegenheit bietet. Mein ganz normaler Weg ins Büro, beispielsweise, ist dermaßen gepflastert mit Gelegenheiten, dass er auch mit heftigster christlichster Nächstenliebe nicht mehr zu bewältigen wäre. Schon gar nicht täglich. Zu Spitzenzeiten wird man ungelogen zehn Mal angesprochen. Bevor man in die S-Bahn steigt, wird man gefragt, ob man eine Fahrkarte übrig hat. Und wenn man erst mal sitzt, kommt jemand, der die Obdachlosenzeitung verkauft, der nahtlos abgelöst wird von Musikanten, die nach ihrem Ständchen mit der Mütze herumgehen. Beim Ausstieg sitzen auf halber Treppe ein paar Punks mit Hunden und haben für jeden, der sie ignoriert, nette Worte parat. Unten dann drei Stände, die Zeitungsabos loswerden wollen. (Das ist zwar streng zu befürworten, läuft aber in dem Moment aufs selbe raus.) Dann kommen die beiden Mädchen vom Kinderhilfswerk, die Nein als Antwort nicht akzeptieren und einen – vorbei am nächsten Mann, der mit einer anderen Obdachlosenzeitung den Gehweg versperrt – weiterverfolgen, mindestens bis zur Ampel, wo ein zusammengefallenes Häufchen Elend sitzt und blicklos die Hand nach oben streckt. Wenn man danach die Schah-Anhänger überwunden hat, die einem Mappen mit Folterfotos vor die Nase halten, hat man es fast schon geschafft – außer in den Zeiten, wo die BüSo ihren Stand aufgebaut hat und sich die Wegelagerer von der LaRouche-Jugendbewegung einem in den Weg werfen, um die Haltung zu Bush, EU, Kernenergie und allgemeinem Demokratieverständnis abzufragen. Tja, dett is Berlin.

Die Parteiheinis und die Bettler sind natürlich nicht dasselbe, aber beides erfordert jedesmal eine Haltung und eine Entscheidung. Man fühlt sich ja nicht besser, wenn man sich den Weg freikauft. Aber schon gar nicht, wenn man nichts gibt. Es wird Zeit, dass Frühling wird. Auf dem Fahrrad entgeht man diesen Fragen.

»Was soll ich dir schenken?« – über das Festefeiern

Meine Frau sagt: »Was soll ich dir schenken?«

Meine Eltern fragen: »Was sollen wir dir schenken?«

Und meine Kinder fragen auch, denn die Zeiten, in denen sie mit Buntstiften, Knetmasse oder leeren Klopapierrollen Geschenke basteln konnten, sind so ziemlich vorbei. Früher hat mich das zum Wahnsinn getrieben, wenn mein Vater auf die Frage, was er sich zum Geburtstag wünsche, geantwortet hat: »Nichts.« Und auf mehrfaches Nachfragen dann allenfalls: »Brave Buben.« Sich nichts mehr zu wünschen, schien mir damals ein Zeichen, dass man mit dem Leben quasi abgeschlossen hat. Mittlerweile habe ich also selbst offenbar auch damit abgeschlossen, denn mir fällt nichts ein, was ich mir wünschen könnte. Es ist geradezu so, dass mich die bloße Nachfrage ins Schwitzen bringt, weil ich mir denke, das gibt's doch nicht, dass ich in mich hineinhorche und dort nicht jede Menge Wünsche nach Erfüllung rufen.

Das stimmt natürlich nicht ganz, denn es gibt dort eine Menge von Büchern und DVDs, die mir geschenkt werden wollen, aber die bringe ich zum Schweigen. Denn kein Mensch möchte jemandem, der die Bude bis obenhin voll damit hat, ernsthaft Bücher oder DVDs schenken. Schon gar nicht meine Frau, die sich jeden Tag einen Weg durch die diversen Stapel freigraben muss, wenn sie ins Bad gehen oder sich einen Tee machen will. Ich wollte, ich hätte eines jener Hobbys, die man alljährlich zum Geburtstag mit einem Paar neuer Gartenhandschuhe oder einem Akkuschrauberset bereichern kann. Dann würde ich freudig mit meinen neuen Gartenhandschuhen die Geburtstagstorte anschneiden und alles in der Wohnung festschrauben, was nicht niet- und nagelfest ist.

Denn als das Wünschen noch geholfen hat, gehörte zur Freude unbedingt dazu, dass man die Geschenke sofort in Gebrauch nehmen konnte. Schlimm war es, wenn man beispielsweise Skier für den bevorstehenden Winter bekam, die man dann allenfalls andächtig streicheln konnte. Noch schlimmer, batteriegetriebene Spielsachen, denen die Batterien nicht beilagen, was bedeutete, dass man bis nach den Feiertagen warten musste, ehe man die Sachen in Betrieb nehmen konnte. Deutlich mehr Freude hingegen machten deswegen Chemiebaukästen, mit denen man sofort Experimente veranstalten konnte, die Brandlöcher im Wohnzimmerteppich hinterließen. Wenn ich es genau bedenke, wünsche ich mir eigentlich immer noch solche Sachen, die man in den Spielwarenabteilungen von Kaufhäusern erstehen kann – Autorennbahnen, ferngelenkte Hubschrauber, Zuchtfarmen für Urzeitkrebse und so Zeug. Aber wenn man mich fragt, was ich mir wünsche, sage ich weiterhin: »Nichts.« Oder allenfalls: »Brave Kinder.«

Es ist keineswegs so, dass mir nur der eigene Geburtstag Kopfschmerzen bereiten würde, noch schlimmer sind Geburtstage anderer. Am schlimmsten runde Geburtstage. Am allerschlimmsten runde Geburtstage der eigenen Eltern. Wenn also meine Frau zartfühlend ein halbes Jahr vorher anmerkt, meine Mutter werde siebzig, dann tut sie das schon mit einer gewissen Vorsicht, weil sie weiß, dass jeder weitere Satz, den man darauf üblicherweise folgen lässt, bei mir zu sofortigen Schweißausbrüchen und unweigerlicher Schockstarre führt. Denn dieser Satz müsste lauten: »Und? Wirst du eine Rede halten?« Ich weiß schon, dass es nicht besonders männlich ist, bei diesem Thema so zu reagieren. Und schon gar nicht erwachsen. Und eigentlich auch nicht nett. Die eigene Mutter! Siebzig!! Wann, wenn nicht dann??? Trotzdem sage ich mit ersterbender Stimme: »Sie will gar keine Reden. Sie hat es sich ausdrücklich verbeten. In unserer Familie werden keine Reden gehalten.«

Letzteres stimmt nicht ganz. Zu meiner Hochzeit hat mein Vater eine Rede gehalten. Das rechne ich ihm hoch an, denn von meiner Mutter weiß ich, dass er vorher vier Wochen unausstehlich gewesen war. Bei mir sind es vor Auftritten gleich welcher Art eher acht Wochen – eine Rede im Familienkreis wäre demnach nicht unter einem halben Jahr schlechtester Laune zu haben. Meinem Bruder geht es nicht anders. Dabei ist es gar nicht so, dass ich irgendwas gegen Reden bei Familienfeiern hätte. Im Gegenteil. Ich liebe sie geradezu. Je weniger ich das Brautpaar kenne, desto begeisterter höre ich dem Schwiegervater zu. Wer für feierliche Anlässe aller Art einen hingebungsvollen Zuhörer braucht, der dankbar jeden Witz beklatscht und auch dann lacht, wenn er gar nicht versteht, worum es geht, könnte mich jederzeit dazuladen. Ich freue mich sogar über die Sketche, die unweigerlich von alten Schulfreunden aufgeführt werden, die keinerlei Sinn für Pointen haben und ausschließlich aus Anspielungen bestehen, die außer ihnen keiner begreift. Mir egal. Ich würde auch vor dem Hauptgang wieder verschwinden, um dem Büffett nicht zur Last zu fallen. Kurzum: Ich beneide niemanden so wie Redner um ihr Talent und bewundere die freie Rede als Kunstform – ich möchte sie nur nicht halten müssen.

Als meine Frau mich mal unvorsichtigerweise bat, zu ihrer Ausstellung ein paar Worte zu sagen, musste ich von zwei Freunden in den Saal getragen werden. Seither nimmt sie Abstand davon, mich zu bitten. Natürlich weiß das auch meine Mutter und tut deswegen freundlicherweise so, als wolle sie keine Reden. Dabei gibt es natürlich kaum jemanden, der Reden so sehr verdient hat wie Mütter. Und auch auf die Gefahr hin zu klingen wie Norman Bates in »Psycho«: besonders meine Mutter.

Und nicht nur weil sie mittlerweile, glaube ich, öfter ins Kino geht als ich. (Mehrere Münchner Kinos werden praktisch nur von ihr – und meinem Vater, den sie mitschleppt – am Leben gehalten.) Sondern vor allem, weil sie sich generell allem Neuen nicht sofort verschließt. Sie heißt es womöglich nicht gut, aber sie versucht wenigstens, sich dem auszusetzen, obwohl es ihr wahrlich nicht in die Wiege gelegt wurde. Das führt dann dazu, dass sie am Computer, mit dessen Widrigkeiten sie tapfer kämpft, die anschaulichsten und lustigsten Mails schreibt. Und irgendwie müsste man auch erwähnen, dass ich früher immer ganz verwirrt war, wenn ich bei Freunden zum Essen war, weil ich davon ausgegangen war, dass alle Mütter so gut kochen wie meine. Tat aber keine. Was das angeht, bin ich für mein Leben verdorben.

Man sollte vielleicht doch eine Rede auf sie halten.

Was an Geburtstagen schon mühsam ist, wird an Weihnachten zur Pest. Schon deswegen begrüße ich es sehr, wenn meine Frau sagt: »Dieses Jahr schenken wir uns mal nichts.« Das sind Momente, die ich liebe. Wo man weiß, dass man dieselbe

Sprache spricht. Keine Geschenke, kein Gerenne in letzter Minute. Mal ganz entspannt die Vorweihnachtszeit genießen. Den Geist der Weihnacht atmen. Und warum sollten wir uns auch was schenken? Wir sind erwachsene Menschen. Die kleinen Wünsche erfüllt man sich ohnehin selbst, und die großen kann man sich auch dann nicht leisten, wenn Weihnachten ist.

Ich sage also: Super Idee!

Unser Sohn sagt: Ohne mich! Er will Geschenke. Und zwar möglichst viele. Und im Übrigen: ob man nicht gleich die nächsten zwei Weihnachten und Geburtstage zusammenlegen und ihm einen Computer schenken könne. Der Junge ist ganz offensichtlich vom wahren Geist der Weihnacht noch nicht so durchdrungen wie wir. Er muss noch viel lernen. Andererseits: Ich war mit vierzehn auch überzeugt, dass nur ein Fest mit vielen Geschenken ein schönes Fest ist. Und fand es eine totale Zumutung, wenn unterm Baum nur ein Ski-Anorak hing. Das war ja wohl kein richtiges Geschenk, sondern eigentlich eher Grundausstattung. Meine Eltern waren da anderer Meinung. Ich musste noch viel lernen.

Keine Geschenke also in diesem Jahr. Aber wie soll das gehen? Woher weiß ich, dass meine Frau sich auch wirklich daran hält? Am Ende ist das nur eine Finte, um mich mit einem jener besonders liebevoll zugedachten Geschenke zu überraschen, während ich mit leeren Händen dastehe. Ich frage also nach, ob keine Geschenke wirklich gar keine Geschenke heißt. »Gar keine.« Versprochen? »Versprochen. Man weiß sowieso nicht, was man dir noch schenken soll.« Das ist natürlich glatt gelogen. Im Unterschied zu mir hat meine Frau ein natürliches Talent für Geschenke. Für überraschende Dinge, die von Herzen kommen. Ich hingegen hielt es irgendwann mal für eine gute Idee, ihr zum Geburtstag einen Toaster zu schenken, weil sie mal geäußert hatte, was sie sich wirklich wünsche, sei ein ordentlicher Toaster. Sie dahingehend beim Wort zu nehmen, war dann beziehungstechnisch doch keine wirklich gute Idee. Kann ich nicht weiterempfehlen. Obwohl es wirklich ein Eins-a-Toaster war und er eigentlich auch von Herzen kam. Aber ich gebe zu, dass da noch etwas Raum nach oben war, wenn es darum geht, mit einem Geschenk seine Zuneigung auszudrücken. Vielleicht heißt also, wir schenken uns nichts, in Wahrheit nur: Lieber nix als noch mal ein Haushaltsgerät …

Leider bedeutet die Abwesenheit von Geschenken nicht automatisch auch den Verzicht auf einen Christbaum. Ich will nicht leugnen, dass ich immer froh bin, wenn wir jedes zweite Weihnachten bei meinen Eltern feiern, weil wir dann nämlich keinen Baum kaufen, schmücken, anzünden, anstarren und irgendwann entsorgen müssen. Fangen wir mal von hinten an. Einer der großen Vorzüge von Berlin ist es, dass die Entsorgung gesichert ist. Man schmeißt den Baum oder das, was von ihm übrig ist, einfach vor die Tür. In München ist man da weniger verständnisvoll, was mitunter dazu führte, dass der Christbaum bis knapp vor Ostern vor sich hin nadelte, ehe er zersägt und zum Sperrmüll gefahren wurde. Weil das an sich kein Zustand ist, hielt ich es irgendwann für eine gute Idee, ihn einfach vom Balkon unserer Wohnung im dritten Stock zu werfen, in der Hoffnung, keiner würde den Baum auf dem Gehweg mit uns in Verbindung bringen. Leider verhakte sich das unhandliche Teil am Geländer und flog statt in hohem Bogen einfach senkrecht nach unten, wo es das Wellpappenvordach im ersten Stock durchschlug, was insofern einigermaßen unangenehm war, weil dort der Vermieter wohnte.

Meine Hoffnungen, dass er uns nicht verdächtigen würde, zerschlugen sich relativ schnell. Er sah auch keinen Anlass, die Sache von der lustigen Seite her zu betrachten – schon deswegen nicht, weil er Scientologe war, wo man Weihnachten schon mal grundsätzlich ablehnt, und er deshalb jede Art von frohen Weihnachtswünschen bei Begegnungen im Treppenhaus mit frostigem Schweigen quittierte. Erklären Sie so jemandem mal, was man sich dabei gedacht hat, als man ihm einen Christbaum durchs Vordach geworfen hat …

Wir übergehen mal, dass man sich jedes Mal vornimmt, allabendlich händchenhaltend im Kerzenschein zu sitzen, am Ende den Baum aber bestenfalls zwei Mal angezündet hat. Auch den Umstand, dass man täglich Nadeln, herabgefallenen Baumschmuck und zertretene Glaskugeln auffegen muss. Und wir reden auch nicht davon, dass einer der größten Irrtümer der christlichen Zivilisationsgeschichte jene Baumständer sind, die vorgeblich das Aufstellen im Handumdrehen erleichtern, weil ein idiotensicheres Seilsystem die Haken arretiert. Ich möchte mal sagen, dass zwei Drittel aller Familienkräche verhindert werden könnten, wenn jemand ein System erfinden würde, das ein Idiot wie ich auch wirklich bedienen kann. Aber vielleicht gehört zu Weihnachten auch, dass man aus schlechten Erfahrungen nicht klug wird. Und deshalb gehen wir dann doch wieder einen Baum kaufen. Er wird teuer und schief sein, den Ständer überfordern, Flecken auf dem Parkett hinterlassen und noch vor Heiligabend so nadeln, dass eigentlich der Brandschutz einschreiten müsste – aber wir werden uns freuen wie die Kinder, wenn wir losziehen.

Was für ein Glück, dass es auch Feste gibt, die man nicht feiern muss, die keinen Wohnungsschmuck und auch keine Geschenke erfordern. Obwohl Letzteres beim Valentinstag nicht so ganz gesichert ist. Es haben zwar auch noch Cyrill und Method Namenstag, aber was sollte man zu deren Ehren schon groß verschenken? Die beiden sind zwei Slawenapostel, von denen einer zumindest am 14. Februar gestorben ist, was gute tausend Jahre später zur Gründung des Cyrill-Methodius-Vereins führte, in dem sich die katholischen Sorben zusammenschlossen. Bevor man jetzt ins Grübeln gerät, was es so alles gibt, sollte man sich wieder dem guten alten Valentin zuwenden, von dem behauptet wird, er sei auch der Schutzheilige der Epileptiker, weil sein Name eine Verballhornung von Fall-nit-hin sei. Dieser Umstand allerdings wird von Blumenhändlern weniger in den Vordergrund gestellt, wenn sie am 14. Februar ihre Ware unters Volk bringen wollen. Denn sie haben den Tag zwar nicht erfunden, lassen aber auch nichts unversucht, Männern einzureden, sie müssten dringend Blumen sprechen lassen. Keine ganz uneigennützige, aber an und für sich ganz hübsche Idee, die allerdings nicht in Rechnung stellt, was für komplizierte Wesen Männer sind. Denn natürlich geraten sie beim Blumenhändler ins Grübeln, ob nicht ein Strauß am Valentinstag mehr schadet als nützt. Weil er schlimmstenfalls die Aufmerksamkeit darauf lenkt, dass das Jahr im Übrigen aus 364 Tagen besteht, an denen sie ohne Blumen nach Hause kommen. Rein beziehungstechnisch gilt es da plötzlich einiges abzuwägen. Schon deshalb, weil der Blumenkauf an sich keine einfache Sache ist. Ein Freund hat sich in der Unübersichtlichkeit des Angebots für einen Strauß Nelken entschieden und sich damit eine mittlere Ehekrise eingehandelt, weil die Frau fragte, ob er auf ihre baldige Beerdigung hoffe. In der Regel werden die besten Absichten ohnehin dadurch vereitelt, dass man auf einen Eimer mit üppiger Blütenpracht deutet, dessen Preisschild mit fünf Euro lockt, die Verkäuferin dann aus der Pracht ein paar Stengel herauszieht – und man feststellt, dass man für fünf Euro doch eine Idee weniger kriegt als erwartet. Damit es halbwegs nach was aussieht, müsste man dann doch tiefer in die Tasche greifen.

In Japan ist das bedeutend einfacher: Da beschenken am 14. Februar die Frauen nämlich ihre Männer, Chefs und Kollegen mit Schokolade. Dafür revanchieren sich die Nämlichen einen Monat später am White Day mit weißer Schokolade. Rätselhaft. Wobei der Japaner streng unterscheidet zwischen der sogenannten »hommei choko«, der »Schokolade für den Liebling«, und der »giri choko«, der »Pflichtschokolade« – Letztere hat gute Aussichten, von mir in den Geschenkekanon aufgenommen zu werden. Zum Teufel mit den Blumen – fortan gibt es nur noch Pflichtschokolade.

100

»Wir müssen sparen« – über Formalien

Zur Person: Ich habe Abitur und ein abgebrochenes Hochschulstudium, beherrsche deshalb weitgehend die deutsche Rechtschreibung, finde mich auch jenseits der Grundrechenarten zurecht und bin im Allgemeinen in der Lage, auch mäßig einfache Aufgabenstellungen des Alltags wie etwa die Bedienung von Fahrscheinautomaten im Ernstfall zu bewältigen. Steuererklärung hingegen kann ich nicht. Aber dafür hat der Herr in seinem unergründlichen Ratschluss den Steuerberater erfunden, dem man zwar genau das zahlt, was man spart, aber wenigstens in der Siegesgewissheit, dem Staat nichts geschenkt zu haben. Ganz kleine Zweifel kommen nur gelegentlich auf, wenn man dann die fertige Erklärung durchsieht und feststellt, dass sich auf den Dutzenden Seiten kaum eine Handvoll Zahlen verlieren und die meisten rätselhaften Felder, vor denen man kapituliert hat, ohnehin leer bleiben dürfen. Hätte man das vielleicht auch gekonnt? Jenseits dieser klitzekleinen Momente des Zweifels kann man sich jedoch auf die Lesart einigen, dass Steuerberater insgesamt eine feine Einrichtung sind. Aber dann gibt es noch die Grauzone des behördlichen Papierverkehrs, also all jenen Krempel, auf dem nicht Steuer draufsteht und den man deswegen auch nicht dem Steuerberater schicken darf, sondern mit dem man selbst zurechtkommen muss. Macht man sich also selber dran. Kann ja nicht so schwer sein. Man hat schließlich Abitur. Von wegen.

Ich sage nur: Prüfung der Familienversicherung. Oder: Antrag zur Klärung der Rentenzeiten. Oder noch so ein Terrorwort: Freistellungsauftrag. Weil es leider keine Freistellungsauftragsberater gibt, müsste man das selber machen – und vergisst es prompt. Und zwar jedes Jahr. Weil die Bögen irgendwie unübersichtlich sind. Und um Silvester rum kommt dann jedes Jahr die Nachricht von der Bank, man käme leider nicht im vollen Umfang in den Genuss der 23,70 Euro Zinsen, weil kein Freistellungsauftrag vorliege. Mal eine unschuldige Frage: Kann die Bank nicht ein einziges Mal vorher warnen? »Lieber Mann, nach unseren Unterlagen bekommen sie demnächst Zinsen. Wenn Sie ihr Geld nicht dem Staat schenken wollen, dann füllen Sie doch bitte den beiliegenden Freistellungsauftrag aus.« Nix da. Wenn es in Deutschland irgendwo eine Servicewüste gibt, dann bei den Banken. Denn ich wüsste nicht, welchen Service Banken leisten, außer dass sie drei Mal im Jahr einen Brief schicken, in dem sich ein neuer Sachbearbeiter vorstellt. Ansonsten brauchen Überweisungen immer noch mehrere Tage, obwohl wir sonst am Computer in allen Bereichen längst sekundenschnell arbeiten. Aber bei Freistellungsaufträgen den toten Mann spielen … Gut, dass es einen Steuerberater gibt, der sagt, kein Problem, das einbehaltene Geld holen wir bei der nächsten Steuererklärung wieder rein.

Über die Umsatzsteuer

Meine Frau sagt: »Wir müssen sparen!« Sie sagt das eigentlich nicht mit Ausrufezeichen – dazu ist sie auch wirklich nicht in der Position! –, sondern eher so in den Raum hinein, um mal zu hören, wie das klingt, wenn sich das Echo dieser nüchternen Ansage an den Wänden bricht, ehe es als klägliches Aschehäufchen irgendwo zwischen uns herniedergeht. Sparen? Klar, sage ich. Immer ein gutes Thema rund um den Urlaub, wenn man sich gerade wundert, warum die Flüge ins Mittelmeer dann doch nicht die überall angepriesenen 29 Euro kosten, sondern doch eher 290. Wahrscheinlich werden wir uns dann in der Sonne vom Licht ernähren, den Rest erledigen Luft und Liebe, und das Ganze kostet praktisch nix. Mit Ausnahme der täglichen Ausflüge in den nächsten Supermarkt, die sich aus ungeklärten Gründen stets auf 170 Euro belaufen, und den Restaurantbesuchen, bei denen es dann doch irgendwie mit 170 Euro nicht getan ist. Oder so. Ich hab jetzt die genauen Zahlen auch nicht mehr im Kopf. Ich weiß nur, dass sich schon vom Besuch einer mittleren Sehenswürdigkeit mit der ganzen Familie vor nicht allzu langer Zeit dieselbe Familie einen Monat lang ernähren könnte. Um das zu finanzieren, müssen also härtere Maßnahmen her, es soll diesmal wirklich ans Eingemachte gehen. Leider stellt sich bei der Durchsicht der Ausgaben heraus – die wir vornehmen, nachdem sich meine Frau noch mal im Sommerschlussverkauf das Nötigste, ach was, das Allernötigste besorgt hat und ich im Netz schnell noch ein paar Schnäppchen auf dem englischen DVD-Markt gemacht habe –, es stellt sich heraus, dass wir eigentlich nur am Steuerberater sparen können. So viel Geld, um ein paar Zahlen zusammenzurechnen? Das kann doch nicht so schwer sein. Das machen wir jetzt mal selber. Ich überspringe die Diskussionen, wer eigentlich die Belege sammelt, abheftet, überträgt, zusammenrechnet, um zur zentralen Frage zu kommen: Haben Sie schon einmal vor einer Umsatzsteuervoranmeldung gesessen? Sie besteht aus etwa sechzig Feldern auf zwei Seiten – und nur der Himmel weiß, welche davon man eigentlich ausfüllen muss. Ich sage nur »Feld 42«: »Lieferungen des ersten Abnehmers bei innergemeinschaftlichen Dreiecksgeschäften (§ 25b Abs. 2 UStG)«. Nicht zu reden von: »Nicht steuerbare sonstige Leistungen gem. § 18b Satz 1 Nr. 2 UStG«. Keine Ahnung. Trifft das auf uns zu? Ich will mich jetzt nicht dümmer stellen, als ich bin. Am Ende muss man von sechzig Feldern nur etwa fünf ausfüllen. Aber da muss einen erst mal jemand darauf bringen. Von allein käme man nicht auf die Idee. Im Grunde dient das ganze Kauderwelsch doch nur dazu, Steuerberater ins Brot zu setzen. Aber nicht mit uns. Wir sparen ab jetzt. Und hauen dann im Urlaub alles auf den Kopf.

Über Passwörter

Jeder kennt die folgende Filmszene: Der Held muss dringend Informationen aus irgendeinem Computer besorgen und stellt überrascht fest, dass der Zugang mit einem Passwort geschützt ist. Ganz schlecht. Denn die Bösen sind ihm schon auf den Fersen. Also erst panisches Rumgesuche, dann die rettende Idee: ein Blick unter die Schreibtischunterlage, wo natürlich ein kleiner Zettel liegt, auf dem das Passwort steht. Das ist der Moment, wo man weiß, dass dem Drehbuchautor nichts mehr eingefallen ist. Denn so doof kann einer ja wohl kaum sein, dass er seine Geheimnisse nicht besser schützt. Typisch Kino. Ich hingegen habe meine Passwörter, ja wo eigentlich, ach ja – auf einem kleinen Zettel unter meiner Schreibtischunterlage. Das klingt jetzt nur so mittelintelligent, aber wo soll man sie denn bitte sonst verstecken? In meinem Hirn ist nämlich dafür seltsamerweise kein Platz mehr. Sonst könnte man ja sagen, man versteckt den Zettel auf Seite 56 im 15. Buch von links im fünften Regalfach von oben. Das wäre zwar fein ausgedacht, ist aber so kompliziert, dass ich mir gleich das Passwort merken könnte. Das täte ich ja auch gerne, vier Ziffern oder ein einzelnes Wort könnte ich mir womöglich sogar einprägen, aber so einfach ist das eben nicht. Was hier genügt, ist dort zu kurz, mal dürfen es nur Buchstaben sein, mal nicht mehr als fünf Ziffern, dann wieder mindestens acht Zeichen … Kurz und gut, mit dem Mädchennamen der Mutter, dem Geburtstag der Gattin oder dem Lieblingsfilmtitel kommt man auf Dauer nicht weit. Also alles auf einen Zettel notieren und ab damit unter die Schreibtischunterlage. Damit keine Missverständnisse aufkommen: Ich sage unbedingt Ja zum Fortschritt, bin total dafür, dass man alles übers Internet und Automaten erledigen kann, begrüße alle Sicherheitsvorkehrungen, aber habe eben diese mentale Schwäche, dass ich immer durcheinanderbringe, welche Geheimzahl ich mir wofür gemerkt habe. Ich setze stark darauf, dass mann irgendwann nur noch seinen Daumen auf den Monitor drücken muss und erkannt wird. Allerdings gibt es beunruhigende Filme, in denen Menschen Finger abgeschnitten werden, um sich mit deren Abdruck Zugang zu geheimen Daten oder Räumen zu verschaffen. Auch nicht schön. Vielleicht ist dann doch die Methode eines Freundes besser, der sich sich die Geheimzahl einfach auf der Rückseite der EC-Karte notiert hat, nachdem sie drei Mal eingezogen worden war, weil er hartnäckig falsche Geheimzahlen eingetippt hatte. Ist natürlich auch ein bisschen doof, aber manchmal ist den Segnungen der Moderne eben nicht anders beizukommen.

Über Spam

Meine Frau sagt: »Hast du das schon gelesen?« Und gab mir eine weitergeleitete Mail zu lesen, in der jemand einen Brief »einer mir bekannten Stadtverordneten des Rates der Stadt Wuppertal« verschickte, der wiederum als Anhang einen Text enthielt, in dem Frauen davor gewarnt werden, von fremden Männern Visitenkarten anzunehmen. Denn diese würden »in eine flüssige Droge getränkt, die BURUNDANGA heißt – sie wird von Kriminellen verwendet, um Leute zu berauben oder zu vergewaltigen!!!« Unterzeichnet war der Brief von einer gewissen Christiane Goedecke vom »Fachdienst Gesundheitsaufsicht und Infektionsschutz vom Landkreis Marburg-Biedenkopf«. Fabelhaft, dachte ich und googelte die Sache. Kurioserweise stellte sich heraus, dass ausgerechnet die beiden Sachen, die ich für am unwahrscheinlichten hielt, tatsächlich existieren. Es gibt eine Droge namens Burundanga – und auch einen Landkreis Marburg mit dem Zusatz Biedenkopf, den ich für eine besonders dreiste Erfindung hielt. Und zwar zwischen den nicht minder schlecht erfundenen Gemeinden Lautphe und Bad Laasphe, die sich offenbar aus Lettland oder der Mongolei nach Hessen verirrt haben müssen. Der Landkreis Marburg-Biedenkopf unterhält jedenfalls eine Website, auf welcher der Fachbereich Gesundheit warnt: Zur Zeit sei als Mail ein Kettenbrief im Umlauf »mit dem Absender einer unserer Mitarbeiterinnen«, dabei handle es sich um »eine Falschmeldung (Hoax)«. Eine Wandersage wie die in Kinosesseln versteckten Aids-Spritzen also, eine Urban Legend wie die Spinne in der Yuccapalme. Schön, dass man sich jetzt entspannen kann, obwohl das Vertrauen in die Seite des Landkreises nicht eben gefördert wird durch den Umstand, dass besagte Mitarbeiterin auf der Seite »Personal & Ausbildung« unter den Mitgliedern des örtlichen Personalrates als »Herr Christiane Goedecke« gelistet wird. Denn dass Burundanga auch Geschlechtsumwandlungen befördert, war bislang noch nicht einmal jenen bekannt, die von der Existenz dieser Droge wussten. Interessant ist, dass sie in Kolumbien seit je von Schamanen benutzt wird und den Wirkstoff Scopolamin enthält, der aus Nachtschattengewächsen gewonnen wird. Das sind Informationen, die ich liebe, weil ich weiß, dass man damit ganze Abendrunden unterhalten könnte, wenn man sie nicht schon am nächsten Tag wieder vergessen hätte. Aber ehe Burundaga meine Erinnerung lahmlegt, möchte ich schnell verkünden, dass man damit Reisekrankheit und Darmkrämpfe behandelt; dass der CIA sie in den Fünfzigern als Wahrheitsserum verwendet hat; dass der legendäre Dr. Crippen damit 1910 seine Frau umgebracht haben soll; und dass es – und jetzt wird's am tollsten – in Bogota Diebinnen geben soll, die ihre Brüste mit Scopolamin einreiben und ihre Opfer dazu verführen, ihre Brüste zu lecken, um ihnen dann die Bankkonten leer zu räumen. Ob Herr Christiane davon wohl auch schon gehört hat …

»Hast du nicht Lust, mit mir einen Tango-Workshop zu besuchen?« – über Freizeit

Eine ungeschriebene Regel des Lebens besagt, dass man die Badehose nie dann eingepackt hat, wenn man sie mal brauchen könnte. Ich bin an sich kein großer Badefreund, seit die Mutter eines Freundes uns Kinder gewarnt hat, sie hätte ein Mittel in den Pool geschüttet, mit dem sich das Wasser sofort grün färbe, sollten wir auf die Idee kommen, in den Pool zu pinkeln. Schon damals wäre es mir zwar im Traum nicht eingefallen, dafür den Pool zu benützen, aber man muss gar nicht ins Detail gehen, um sich zu fragen, ob nicht vielleicht schon geringste Rückstände ausgereicht hätten, um das Wasser grün zu färben. Nicht, dass ich mich heute noch beim Schwimmen umdrehen würde, ob ich eine grüne Spur hinter mir herziehe, aber ich kann auch nicht behaupten, dass ich mich völlig unbefangen im Wasser bewegen würde. Schließlich hat die Mutter damals ja nicht ohne Grund gewarnt. Vielleicht weil sie wusste, dass andere Kinder es beim Baden nicht so genau nehmen. Seither sehe ich mich umgeben von heimlichen Poolpinklern, will aber auch nicht zwanghafter sein als unbedingt nötig und benutze gelegentlich doch Pools. Falls ich meine Badehose eingepackt habe. Bin also in Baden-Baden in einem Hotel und finde es angezeigt, die unentgeltliche Poolnutzung auszukosten. Natürlich: Keine Badehose dabei. Natürlich werden auch keine verliehen. Nur verkauft. Was kosten die denn? Fünfzig Euro. Aha. Und wo ist die Sauna? Ich hasse eigentlich Sauna, aber da braucht man wenigstens keine Badehose. Um ehrlich zu sein, hasse ich Saunen nicht wirklich, will auch gar nicht leugnen, dass der Besuch erfrischend ist, aber es fehlt mir womöglich an der nötigen Natürlichkeit. Kann mir doch keiner erzählen, dass er sich nichts – und ich meine: wirklich nichts – dabei denkt, mit wildfremden Menschen nackt in einem engen Raum zu sitzen! Aber wenn man sich so umsieht, scheint keiner was dabei zu finden. Alle bewegen sich mit einer Selbstverständlichkeit, als seien sie bei Naturvölkern aufgewachsen und nicht in Mitteleuropa, wo es die meisten Leute kaum im Fahrstuhl miteinander aushalten. Darf man eigentlich auch mit Badehose in die Sauna? Oder wird man wie ein Aussätziger behandelt? Wie der Junge, der eine grüne Spur hinter sich herzieht?

Jahre später hat die Mutter des Freundes übrigens gestanden, dass das Mittel nie existiert hat. In meinem Hirn hat es trotzdem Spuren hinterlassen.

Über Kinderfilme

Neulich erzählte ein Freund, dass er zwei Kinder aus der Verwandtschaft seiner Freundin babysitten musste, Junge und Mädchen, ungefähr acht und zwölf Jahre alt. Er hielt es für eine gute Idee, mit ihnen ins Kino zu gehen, und das wäre es wahrscheinlich auch gewesen, wenn die Kinder nicht aus einem Elternhaus stammen würden, in dem SEHR auf die richtigen Einflüsse geachtet wird. Das heißt, dass die beiden zwar mehrere Instrumente beherrschen, aber noch nie im Kino waren. NIE. Weil der Freund selbst praktisch im Kinosaal groß geworden ist, war er zwar komplett entgeistert, hat aber dann zur Sicherheit doch einen Film ausgesucht, an dem die Kindchen möglichst keinen Schaden nehmen. Sie gingen also in »Happy Feet«, einen Pinguin-Trickfilm, der ab sechs Jahren freigegeben ist, also ein harmloses Vergnügen, in dem man auch als Erwachsener seinen Spaß haben kann. Aber welch durchschlagende Wirkung der Film haben würde, war nicht abzusehen. Das eine Kind klammerte sich panisch an die Freundin, das andere verbrachte die meiste Zeit wimmernd unterm Sitz. Es war hoffnungslos. Wo alle anderen Kinder über tanzende Pinguine lachten, sahen die beiden einen Horrorfilm, auf dessen Schrecken sie weder das fernseherlose Elternhaus noch ihre Klavierstunden vorbereitet hatten. Man könnte natürlich sagen, da sehe man mal, wie wir anderen alle durchs Kino schon abgestumpft sind. Man könnte sich aber vielleicht auch fragen, ob man Kindern einen Gefallen damit tut, wenn man sie mitten in der Großstadt aufwachsen lässt wie Amish People. Das Leben als Jugendlicher ist auch so schon schwer genug.

Man muss darüber aber auch gar nicht richten, vielleicht sind die beiden ja durch und durch glückliche Kinder, die dereinst als gefeierte Konzertpianisten ihren Eltern die Rente finanzieren. Ich habe jedenfalls im selben Alter bei meiner Tante im Fernsehen den Miss-Marple-Film »Mörder Ahoi!« gesehen und war völlig mit den Nerven runter, konnte nicht mehr im Dunkeln schlafen und war überzeugt, dass unterm Bett mir jemand nach dem Leben trachtet. Irgendwann bin ich darüber hinweggekommen. Aber hat es mir geschadet?

Selbstverständlich. Deshalb sehen wir ja Filme.

Warnung

Es ist so weit. Bislang wurden nervöse Zuschauer am Ende eines Films beruhigt, dass jede Ähnlichkeit mir realen Personen oder Vorkommnissen rein zufällig sei, dass im Übrigen bei den Dreharbeiten keine Tiere zu Schaden gekommen seien und man sich sehr bemüht habe, bei der Produktion des Films den CO_2-Ausstoß so gering wie möglich zu halten. Das sind ja auch wirklich immer die Dinge, die uns beim Kinobesuch am meisten beschäftigen. Wurden die Tiere, die im Hintergrund durchs Bild galoppiert sind, auch wirklich gut behandelt? Wurde das Equipment für die Dreharbeiten garantiert mit Fahrzeugen herangeschafft, die umweltschonend betrieben werden? Und fühlt sich auch sonst keiner auf den Schlips getreten, der sich zufällig in diesen Film verirrt? Ja, das sind wirklich dringende Fragen, die geklärt werden müssen, weil wir uns ja sonst beim Theaterleiter beschweren oder uns mit Transparenten vor dem Kino aufstellen müssten, um labilere Zeitgenossen vor Filmen zu warnen, die Tiere quälen, die Umwelt verpesten oder Persönlichkeitsrechte missachten. Von dort ist es natürlich nur noch ein Schritt zu den Typen, die als lebende Litfasssäulen durch die Fußgängerzonen laufen, auf denen steht, warum sie ihre Kinder aus der Schule genommen haben, weil sie dort gemischt-konfessionell oder sonstwie ungut erzogen werden, und wo man unterschreiben muss, um ihren Kampf gegen das Kultusministerium zu unterstützen.

Es gibt zweifellos tausend Gründe, an der Welt zu verzweifeln und ihre Widrigkeiten infrage zu stellen, aber einer der Gründe, warum ich ins Kino gehe, ist der Umstand, dass ich mir dort zwei Stunden lang über genau diese Dinge keine Gedanken machen muss. Das Leben ist schwer genug. Da muss ich es nicht auch noch im Kino mit beschränkter Haftung vorgeführt bekommen. Jetzt aber sind wir auch im Kino in eine neue Phase getreten. Erst hat Disney diesen Monat verkündet, in Disney-Filmen werde fortan nicht mehr geraucht, und dann tauchte am Ende des Abspanns von »Der unglaubliche Hulk« allen Ernstes auf Englisch eine Einblendung folgenden Inhalts auf: »Die Darstellung des Tabakrauchens in diesem Film geht auf künstlerische Entscheidungen zurück und dient nicht der Absicht, Tabakkonsum zu fördern.«

Und ich dachte mir in dem Moment: Jetzt sind sie übergeschnappt, jetzt sind die Amis wirklich vollends irre geworden. Am Ende eines Films, in dem radioaktive Verseuchung dazu führt, dass sich die Helden gute zwei Stunden lang mit allem, was ihnen zur Verfügung steht, die Köpfe einschlagen, während ein debiler General auf seiner Zigarre herumkaut, kommen sie mir mit so einem Scheiß. Und wann bitte kommt die Einblendung, die Darstellung der Gewalt in Actionfilmen sei »artistic consideration« und diene nicht der Absicht, sie zu fördern?

Ich bin kurz davor, den Rest meiner Tage damit zuzubringen, mit einem Transparent vor dem Bauch durch die Fußgängerzonen der Republik zu ziehen …

Über Pilze

In meiner Jugend kauften meine Eltern eine Champignonkultur und stellten sie vor meiner Zimmertüre im Keller auf. Wochenlang starrte man auf eine Kiste mit müffeliger Erde, die sozusagen vor sich hinvegetierte. Aber es tat sich nichts, und der Verdacht lag nahe, dass die Pilzkultur den Weg all jener Experimente gehen würde, mit denen versucht wird, sich die

Wunder der Natur untertan zu machen, und die aber nur dazu führen, dass man tagelang auf einen Faden starrt, den man in ein mit Salzwasser gefülltes Glas gehängt hat, weil es geheißen hatte, es würden sich praktisch über Nacht am Faden Kristalle bilden. Bei mir bildete sich da nie was, obwohl ich täglich kräftig Salz nachschüttete. Skeptisch beäugte ich also jeden Morgen den Erdballen, auf dem sich langsam alles Mögliche zu bilden begann, nur keine Pilze. So eine Zucht war also ungefähr so langweilig wie Schildkröten als Haustiere, deren Unterhaltungswert sich in der Regel ja auch stark in Grenzen hält.

Aber gerade als diskutiert wurde, ob man das Teil in den Wald bringen oder einfach in der Mülltonne der Nachbarn entsorgen soll, geschah das Wunder. Ich trat eines Morgens vor die Tür – und über Nacht war die Kiste praktisch explodiert. Champignons so weit das Auge reichte. Man konnte geradezu von Glück sprechen, dass sie sich auf die Kiste beschränkt hatten und nicht gleich den ganzen Keller überwuchert hatten, um bei der Gelegenheit durchs Schlüsselloch in mein Zimmer zu wachsen und mich im Schlaf zu überwältigen. Ich muss sagen, das war so ungefähr das Unappetitlichste, was ich je erlebt hatte. Diese Form von Wachstum war schon nicht mehr normal, ja geradezu unnatürlich, sodass ich mir dachte, wenn diese Atom-Pilze ein wenig mehr Grips hätten, könnten sie im Nu die Weltherrschaft übernehmen. Vielleicht war ich aus Gründen der Pubertät aber auch einfach nur ein wenig übersensibel.

Heute weiß ich, dass der Gedanke nicht ganz so abwegig war. Im Jahr 2000 wurde in Oregon ein Pilz der Gattung Hallimasch entdeckt, der 880 Hektar groß, 2400 Jahre alt ist und 600 Tonnen wiegt. Übrigens im Malheur National Forest. Wundert mich gar nicht. Und in Europa gibt es am Schweizer

Ofenpass einen, der bis zu 800 Meter Durchmesser hat. Und das sind ja nur die, die man entdeckt hat. Kann mir doch keiner sagen, dass so große Lebewesen sich im Lauf der Jahrtausende nicht irgendwann langweilen und zur Abwechslung auch mal in Städte rüberwachsen. Die Dinger sind womöglich schon unter uns. Und wenn wir nicht aufpassen, stellen sie womöglich irgendwo einen Ministerpräsidenten.

Über das Tanzen

Meine Frau sagt: »Hast du nicht Lust, mit mir einen Tango-Workshop zu besuchen?« Uff. Ich weiß schon, dass es eine Menge Männer gibt, die daraufhin aufspringen, ihre Tanzschuhe aus der Garderobe holen, sich an die Tür stellen und fragen, wann es losgeht. Ich nicht. Oder zumindest nicht mit jener spontanen Aufgeschlossenheit, die jeden Zweifel an meiner Bereitwilligkeit vertriebe. Und ganz ehrlich: Wenn ich meine Freunde so durchgehe, dann sehe ich die auch nicht so umstandslos das Tanzbein schwingen. Aber gar kein Zweifel: Wenn es jemanden gibt, mit dem ich einen Tango-Workshop besuchen möchte, dann mit meiner Frau. Geradezu nur mit ihr. Aber heute? Und sofort? Und warum Tango? Und wollten wir nicht eigentlich den Keller ausmisten? Wollten wir nicht. Das wird mir zwei Stunden später klar, als wir mit acht anderen Paaren im zweiten Stock eines Gebäudes in Kreuzberg stehen, um in die Grundlagen des Tangotanzes eingeführt zu werden, und sich meine Hoffnung, der Kurs werde vielleicht wegen mangelnder Beteiligung ausfallen müssen, unerklärlicherweise nicht bestätigt. Fast widernatürlich, wie viele Berliner Männer nichts dabei finden, Samstagmittag Tango zu tanzen. Andererseits bin ich jetzt einer von ihnen. Habe allerdings den Verdacht, dass ich der Einzige unter ihnen bin, der keine Tanzschulerfahrung aufweisen kann. Und auch sonst nichts. Ich will nicht behaupten, dass ich ein kompletter Bewegungsdepp bin, aber doch sehr nahe dran. Das wird mir spätestens dann klar, als die Lehrerin nach den ersten Versuchen auf mich zugeht, mir aufs Brustbein klopft und meint, mir fehle es an dieser Stelle noch ein wenig an Präsenz. Ertappt. Denn natürlich fehlt es mir nicht nur am Brustbein, sondern ganz allgemein an Präsenz, weil ich gehofft hatte, unter dem Radar der Lehrerin und der ganzen Veranstaltung durchtauchen zu können. Aber so funktioniert das mit dem Tango nicht, Abwesenheit verzeiht er nicht. Man muss, vereinfacht gesagt, die Bereitschaft mitbringen, den Gockel zu geben und mit geschwellter Brust Frauen vor sich herzuschieben. Meine Versuche, diese Haltung zu verinnerlichen, scheitern fürs Erste daran, dass meine Füße irgendwie zu groß sind und meiner Frau Laufmaschen bescheren. Sie reagiert darauf allerdings sehr nachsichtig. Vermutlich weil sie ahnt, dass meine Anwesenheit ohnehin an einem seidenen Faden hängt. Das Tolle am Tango, behauptet die Lehrerin, sei die Freiheit, die Schrittfolgen beliebig kombinieren zu können. Mir stellt sich das differenzierter dar, denn um die Freiheit ausüben zu können, braucht man auch viel Platz. Der ist aber regelmäßig von den anderen Paaren verstellt, sodass ich mir nach einiger Zeit vorkomme wie in der Fahrschule, als man Einparken lernte. Immer, wenn man eine Lücke erspäht hat, ist schon ein anderer da. Irgendwer hat mal gesagt, Tango sei ein trauriger Gedanke, den man tanzen könne. Die traurigen Gedanken habe ich nach dem Workshop sehr wohl. Aber tanzen kann ich sie nicht.

Über Frauen und Fußball

Meine Frau sagt: »Wo schauen wir das Spiel?« Das bezieht sich natürlich auf das Argentinien-Spiel, das wir logisch gewinnen werden, aber das wäre ja nicht der Rede wert, denn das Land ist im Fieber, alle sind dabei, selbst notorische Fußballmuffel. Nein, der Satz fiel auch schon in der Vorrunde, er fiel geradezu bei jedem Spiel der Vorrunde, und in der Regel haben wir das Spiel zu Hause geguckt, mal mit Leuten, mal ohne, aber wir haben es geguckt – und zwar gemeinsam. Das ist dann doch der Rede wert – und eigentlich in GROSSBUCHSTABEN. Denn dass Fußball nicht jedermanns Sache ist, merkt man früh, und dass es nicht Sache meiner Frau war, wusste ich spätestens, seit wir 1986 gemeinsam das Finale Deutschland-Argentinien angesehen haben, bei dem sie nach ungefähr fünf Minuten einschlief und nach der Niederlage ohne jedes Schuldbewusstsein fragte, wie es ausgegangen ist. Fußball ging sie einfach nichts an. Natürlich waren wir 1990 nach dem Finale auf der Straße, war ja auch was Neues, aber meiner Erinnerung nach hat meine Frau während des Spiels irgendwas anderes gemacht. Kann sein, dass sie kurz zum Elfmeter reingeschaut hat. 94, 98, 2002 war das auch nicht wesentlich anders. Sie kam gelegentlich vorbei, nahm den Spielstand zur Kenntnis, reagierte in Maßen einfühlsam. 2006 dann immerhin ein gelegentliches Mitfiebern. Aber nichts, was sich auf den Fußballalltag erstrecken würde. Bundesliga, Pokal, Champions League weiterhin große Fragezeichen, bei denen man immer wieder damit rechnen musste, ihr die Unterschiede zwischen nationalen und internationalen Wettbewerben, zwischen Vereinen und Nationalmannschaften auseinanderzusetzen. Es war also völlig klar, dass Fußball eine Leidenschaft ist, die meine Frau niemals mit mir teilen würde. Gibt auch andere, aber Fußball war darunter die hoffnungsloseste. Eher noch hätte ich sie zur Modelleisenbahnerei überreden können. Und dann? Meine Frau sieht JEDES Spiel, nicht nur deutsche, sondern alle. Sie weiß plötzlich wer, wann, wo, warum. Mich verwirrt das. Warum jetzt? Warum nicht vorher? Es interessiere sie halt. Sagt sie so, als sei das nie anders gewesen. Ich werde mich auch hüten, das infrage zu stellen. Damit das Interesse nicht wieder verfliegt. Vielleicht lässt es sich ja in die nächste Bundesligasaison retten. In Pokalspiele der Bayern gegen Drittliga-Mannschaften … bloß nicht übermütig werden. Jetzt erst mal Argentinien. Und schon deswegen müssen wir gewinnen: Damit die Begeisterung meiner Frau belohnt wird. Ach was, deswegen WERDEN wir gewinnen.

»Ich habe nachgedacht« – über das Einrichten

Meine Frau sagt: »Ich habe nachgedacht.« Pause. Gewichtige Pause. Ich frage: »Ah ja, was denn, Schatz?« Und überlege, ob es nicht besser wäre, mich gleich wieder ins Bett zu legen. Denn an einem Wochentag kann diese Eröffnung alles Mögliche bedeuten – an einem Samstag jedoch nur eines: Möbelrücken. Und zwar von der verschärften Sorte. Es geht nie nur darum, eine Lampe von links nach rechts zu stellen, sondern stets um größere Möbelwanderungen durch die Wohnung. Wenn man die Migrationsströme aller beweglichen Güter in unseren vier Wänden mit einem Pfeildiagramm festhalten würde, sähe das etwa so aus wie die Schaubilder im Geschichtsatlas zum Dreißigjährigen Krieg. Ein ständiges Hin und Her. Je schwerer das Möbel, desto häufiger ist es auf Wanderschaft. Und je mehr Löcher dafür gebohrt werden müssen, desto sicherer muss es bewegt werden. Und zwar jedes Mal. Ich bin überzeugt, dass wenn genügend Wasseranschlüsse vorhanden wären, auch die Kloschüssel umziehen müsste. Aber noch steht sie. In der Toilette. Noch …

Weil sich dieses gesamte Szenario von Schränkeschleppen, Löcherbohren, Bücherumsortieren vor meinem geistigen Auge entfaltet und sich unwillkürlich meine Miene verfinstert, heißt es als Nächstes: Was hast du denn? Ich entgegne hastig: Nichts … Wieso?

Das ist natürlich eine Lüge, aber Aufrichtigkeit gerade in

banalen Dingen ist in der Ehe ohnehin überschätzt – oder glaubt jemand im Ernst, meine präventive Weigerung, auch nur ein einziges Möbel anzurühren, hätte diesen Samstag gerettet? Meine Frau ist nicht aufzuhalten: Wie wäre es denn, wenn wir das Sofa … und das Regal aus dem Schlafzimmer … und die Deckenlampe stört mich schon lange …

Ich bin fassungslos. Wie berechenbar Frauen sein können …

Was die Deckenlampe angeht, so haben wir ungefähr vier Meter hohe Decken, weshalb unsere Haushaltsleiter nicht reicht, sondern eine Profileiter von den Nachbarn geholt werden muss. Außerdem hatte ich mal einen Deutschlehrer, der beim Anbringen einer Deckenlampe etwas ins Auge bekommen und einen Schlaganfall erlitten hat. Ich stöhne. Der Samstag ist gelaufen. Sie: Ist es eigentlich möglich, dass ich was sage, ohne dass du stöhnst? Ich erwähne die Geschichte mit dem Deutschlehrer. Sie sagt: Die kenne ich schon. Ich finde trotzdem, dass sie dadurch nicht weniger wahr wird, aber verzichte darauf, weiter ins Detail zu gehen. Sage stattdessen: Also gut, wo fangen wir an? Antwort: Ich überlege ja nur …

Am Abend schwöre ich mir wie jedes Mal, dass ich beim nächsten Mal den Studentenschnelldienst bestelle. Sollen die doch die Möbel rücken und die Löcher bohren.

Eine Ehe besteht nicht nur aus Nehmen, sondern auch aus Geben. Aber nicht jedes Geschenk ist so selbstlos, wie man sich das wünscht. Wenn meine Frau also von Einkäufen zurückkehrt, mich anstrahlt und sagt: »Ich habe dir Lampen gekauft« – dann meint sie in Wahrheit: »Ich habe dir ENDLICH MAL RICHTIGE Lampen gekauft.« Und manchmal sagt sie das auch. Sie hat nämlich eine entschieden andere Vorstellung von der Ausleuchtung des gemeinsamen Lebens als ich. Sie nennt das »Lichtkonzept«. Grob vereinfacht dargestellt, sieht mein Konzept so aus, dass man beim Betreten eines Zimmers neben dem Türrahmen einen Lichtschalter betätigt und es daraufhin überall gleichmäßig hell wird.

Das ist aber ungefähr das Gegenteil von dem, was meine Frau darunter versteht. Bei ihr bedeutet das nämlich, dass man zur Helligkeit nur gelangt, indem man im Finsteren in verschiedene Zimmerecken tapert, um dort diverse Beleuchtungskörper danach abzutasten, ob sich der Schalter irgendwo an der Lampe selbst befindet – oder vielleicht doch am Kabel befestigt ist, an dem entlang man sich hinter Tische und Kommoden tasten muss und dabei stets Gefahr läuft, aus Versehen in die Steckdose zu langen. Das geht zwar mit jedem Schalter, den man findet, ein Stückchen einfacher, erfordert aber einen gewissen Zeitaufwand, bis man die gefühlten sieben Lichtquellen identifiziert und illuminiert hat. Diese indirekte Beleuchtung schmeichelt zweifellos jedem Raum, hat aber den Nachteil, dass man sich, wenn man etwas sehen will, stets in eine der verstreuten Lichtpfützen begeben muss, um dort in gebeugter Haltung Kleingedrucktes zu entziffern.

Womöglich hat meine Skepsis gegenüber dieser Art von Lichtdesign damit zu tun, dass ich aufgewachsen bin in einem Raum mit zwei Neonröhren an der Decke, die auf Knopfdruck ein schön gleichmäßiges Licht machten. Das wäre heute als Konzept nicht mehr recht vermittelbar – es sei denn man befindet sich in Untersuchungshaft –, aber mich hat es nie gestört. In meiner ersten Wohnung hatte ich dann auch folgerichtig gar keine Lampe, sondern einfach eine nackte Glühbirne an der Decke. Aber irgendwann bin auch ich erwachsen geworden, habe Lampengeschäfte betreten und mich zu italienischen Designerleuchten überreden lassen, für die man umso mehr zahlte, je schlechter sie sich montieren ließen. Die meisten erinnerten an alles Mögliche, bloß nicht an Lampen, und legten konsequenterweise auch keine Anleitung bei, die erklärt hätte, wo oben und wo unten ist, wo das Licht rauskommt und wo die Schrauben reingehören. Seither bedeutet Design für mich nicht etwa, dass sich die Form der Funktion anpasst, sondern dass man froh sein kann, wenn über der Form irgendwer überhaupt noch an die Funktion gedacht hat. Es bedeutet aber auch, dass man verdammt noch mal dankbar sein sollte, wenn die Frau sich schon eine solche Mühe macht, einem so eine schöne Lampe zu schenken. Und was tut man stattdessen? Man zieht eine Fresse. Das sei, heißt es dann, bestimmt das letzte Mal, dass man versuche, mir einen Gefallen zu tun. Doch, ist schön, sage ich dann, ich freu mich wirklich. Ist nur wegen dieser Geschichte mit meinem Deutschlehrer. Hab ich davon eigentlich schon erzählt …?

Weil jedoch kaum eine der Designerleuchten in vier Meter Höhe mit gängigen Leuchtmitteln betrieben wird, turne ich regelmäßig unter der Decke herum und versuche herauszufinden, wie sich die durchgebrannten Dinger entfernen lassen. Der Nachbar hat mittlerweile aufgegeben, seine Profileiter zurückzufordern. Wenn ich ihm im Hof begegne, signalisiert sein mitleidiger Blick, dass er einsieht, dass ich das Ding dringender brauche als er. Ich möchte nicht wehleidig klingen, aber einige meiner besten Freunde haben den Birnentausch längst aufgegeben – und kaufen sich stattdessen gleich eine neue Lampe. Die haben allerdings auch keine Frauen …

Da es in der Natur der modernen Behausung liegt, dass sich nur eine begrenzte Anzahl von Lampen an der Decke befestigen oder im Raum aufstellen lässt, tritt das Problem unverhoffter Lampengeschenke mit der Zeit seltener auf. Aber auch seltene Probleme haben die Angewohnheit, sich dann doch irgendwann in Form einer unschuldigen Frage zu präsentieren, bei der man am besten gleich in Deckung geht.

»Weißt du eigentlich, wie lange wir hier schon wohnen?«, heißt es dann. Und weil das nicht in dem Ton vorgebracht ist, bei dem man sich in die Augen schaut, an den Händen fasst und in gemeinsam verbrachter Lebenszeit schwelgt, sondern mit einem prüfenden Blick an mir vorbei zur Wand hinter mir, antworte ich in weiser Voraussicht: »Ich weiß. Vertraglich sind wir verpflichtet, alle fünf Jahre die Wohnung neu zu streichen, alle acht Jahre Türen und Fensterrahmen oder so.« Natürlich sind wir längst darüber hinaus, aber ich kenne keinen Menschen, der sich daran hält, erinnere mich allerdings noch lebhaft, dass uns diese Klausel beim letzten Auszug praktisch die Haare vom Kopf gekostet hat.

Meine Frau ist jedoch nicht geneigt, mit mir über Klauseln oder Vermieterterror zu diskutieren, sondern übergeht mich mit dem Satz: »Raufasertapeten! Ich kann sie nicht mehr sehen!!« Und zwar mit einem so überzeugten Abscheu in der Stimme, als habe sie sich die letzten Jahre eigentlich nur gesenkten Blickes durch die Wohnung bewegen können, weil sie sonst vom Anblick der Raufaserwände sofortigen Hautausschlag bekommen hätte. Natürlich war das nicht so, also muss es über Nacht über sie gekommen sein.

Meiner Meinung nach sind Raufasertapeten ausgesprochen dankbare Wandverkleidungen, die durch Verschmutzungen aller Art eher noch dazugewinnen, weil das ihre Struktur betont – und sage deshalb: »Wieso? Ich find's schön.« Natürlich war mir auch schon aufgefallen, dass man jüngst immer häufiger bei Einladungen in Wohnungen stand, deren Wände entweder kunstvoll gespachtelt oder farbig gestrichen waren. Und die Gastgeber baten dann augenzwinkernd in ihren

»Grünen Salon«, und man konnte froh sein, dass ihre Ironie sie mit knapper Not davor bewahrt hat, dort auch noch Stiche von englischen Jagdszenen aufzuhängen. Keine zwei Jahre würden vergehen, so prophezeite ich hinterher – und ich könnte schwören, meine Frau kicherte dazu –, ehe diese Leute eines Morgens in ihrem »Salon« sitzen und schreien würden: »Grün! Ich kann es nicht mehr sehen!!«

Wie geschmackssicher weiße Raufasertapete hingegen ist, sieht man schon daran, dass sie 1864 von dem Apotheker Hugo Erfurt erfunden wurde, dessen Großvater vierzig Jahre zuvor eine Papierfabrik an der Stadtgrenze zwischen Schwelm und Wuppertal gegründet hatte, und bis heute überall hängt. Auch bei uns … Seit über fünf Jahren. Oder sind es acht?

Montag kommen die Maler. Sie sagen, es könnte allerdings Probleme geben beim Entfernen der Raufasertapete. Ob wir sie nicht lieber doch behalten wollten, sie sei ja auch sehr pflegeleicht … Ich sage: Kommt nicht infrage! Wer will denn heute noch in Raufaser leben. Der Maler stammelt, er meine ja nur.

Wir haben uns für Taubenblau entschieden. Fürs Wohnzimmer. Das Büro wird kieselgrau, das Schlafzimmer zitronengelb, der Salon bordeauxrot. Wir nennen ihn natürlich nur in Anführungszeichen so. Aber wir müssen unbedingt bald mal unsere Freunde einladen …

Die Küche ist immerhin weiß geblieben. Ölfarbe. Abwaschbar. Wunderbar. Dass sich erste Flecken nicht abwaschen lassen, spreche nicht gegen das Konzept, sagt meine Frau, sondern gegen die Maler. Die hätten wohl eine billigere Farbe genommen. Das sei eben das Risiko, wenn man Schwarzarbeiter beschäftigt. Außerdem sei das nicht so schlimm. Im Grunde sehe man das kaum. Ich sollte mich nicht so haben.

Was man halt so sagt, wenn man keine Lust hat, nach Monaten überstandener Renovierungsarbeiten die Maler für zwei Tage im Haus zu haben, alles abdecken und sich den Kaffee nebenan holen zu müssen.

Aber man braucht nicht zu glauben, dass sich meine Frau alles bieten lässt. Im Gegenteil. »Die spinnen wohl!«, sagte sie, und das tut sie in der Regel nur, wenn das Finanzamt, die Hausverwaltung, der Stromerzeuger oder ähnliche Blutsauger Nachforderungen stellen, die unsere momentanen finanziellen Möglichkeiten übersteigen. Ich sehe das durchaus genauso, aber im speziellen Fall ging es darum, dass ich ihr gerade den Kostenvoranschlag für die Reparatur unserer Espressomaschine unterbreitete. Hundertfünfzig Euro! Natürlich spinnen die. Wir reden von ein paar Dichtungsringen, einem Kippschalter und dem Entkalken. Es handelt sich um eines jener Geräte, das aussieht wie die Dampfturbinen, welche die Anfänge des Eisenbahnwesens begründet haben, und auch ähnlich viel Lärm macht. Wenn man das Ding in der Früh anwirft, dann kann man sich vor dem ersten Kaffee gut noch mal hinlegen, weil der Kessel ausreichenden Druck in etwa dann aufgebaut hat, wenn aus den umliegenden Büros sich die ersten Menschen zum Mittagstisch begeben.

Kein Wunder, sagte der Verkäufer auf Nachfrage, wir müssten das Ding öfter entkalken, und außerdem dürfe man nicht jedes Wasser verwenden. Wir würden ja wohl hoffentlich kein Leitungswasser verwenden, das sei der Tod für jede Maschine. Abgefülltes stilles Mineralwasser müsse es schon sein, wenn einem das Teil etwas wert sei. Man ist ja immer froh um sachdienliche Hinweise, aber das mit dem Wasser aus Flaschen war uns anfangs doch peinlich, weil wir uns vorkamen wie lilahaarige Damen, die ihre Pekinesen mit Petits Fours füttern. Aber es war ja für einen guten Zweck, denn wir wollten, dass sich unsere Maschine bei uns wohlfühlt.

Das ging auch eine Weile ganz gut, bis eben Dichtungsringe und Kippschalter den Geist aufgaben. Gottlob, sagte ich dem Verkäufer, müsse sie diesmal wenigstens nicht entkalkt werden. Er schüttelte nur traurig den Kopf, reichte mir eine Stabtaschenlampe und lenkte meinen Blick in eine als Dampfkessel getarnte Tropfsteinhöhle. Welches Wasser ich denn verwende, wollte er wissen. Na, Mineralwasser, sagte ich, und zwar nur das beste. Das wisse aber doch jeder, beschied er mich, dass manche Sorten viel härter seien als normales Leitungswasser. Aha, erwiderte ich, da hätte ich aber anderes gehört. Jaja, entgegnete er, das gelte eben nicht für alle Sorten. Und dies von dem Angestellten einer Firma, in deren Anleitung Sätze stehen wie »Es ist durchaus normal wasser tropft da der filterhalter nachdem der espresso auslauf.«

Weil ich aber Lösungen will und keine Probleme, sagte ich zähneknirschend: Hundertfünfzig Euro, okay! Weil meine Frau jedoch ganz generell problembewusster ist, schickte sie mich wieder in den Laden, um den Auftrag zu stornieren, und kaufte anderswo eine andere Espressomaschine. Der Kaffee schmeckt nicht halb so gut. Aber denen haben wir es gezeigt.

Die Espresso-Mafia hatte sich noch kaum von diesem Schlag erholt, da versuchte allerdings die Toaster-Camorra unser Leben zu vergiften. Und wenn es hart auf hart kommt, ist meine Frau immer für radikale Lösungen gut: »Dann wirf ihn halt zum Fenster raus …!«, sagte sie. Ich weiß zwar nicht, was der Toaster gekostet hat, aber zum Fenster, so viel war klar, werfe ich ihn bestimmt nicht hinaus. Mit der Hausverwaltung haben wir wegen unseres Hundes schließlich schon Probleme genug. Aber so weitergehen kann es mit dem Toaster irgendwie auch nicht. Meine Frau hat das Teil kurzerhand in irgendeinem Kaufhaus erstanden, nachdem der alte Toaster seinen Geist aufgegeben hatte. Der Neue ist zweifellos sehr formschön, wahrscheinlich irgendwelchen Vorfahren nachempfunden, die auf dem Frühstückstisch englischer Lords ihren Dienst getan haben, und ich war ohnehin froh, dass meine Frau das Problem des kaputten Toasters so kurz entschlossen gelöst hat, denn wenn ich damit befasst worden wäre, hätte das mit Testheftlesereien und Preisvergleichen nicht unter drei Monaten geendet und das morgendliche Beisammensein über kurz oder lang doch belastet.

Das Toaster-Thema ist ohnehin einigermaßen befrachtet, seit ich meiner Frau mal zum Geburtstag einen Toaster geschenkt habe. Das war im ersten Jahr nach unserem Kennenlernen, und ich bin nicht mehr ganz sicher, was mich damals geritten hat, aber bin doch froh, dass sie daraufhin nicht die Beziehung ohne weitere Angabe von Gründen gelöst hat.

Deshalb bin ich dem neuen Toaster auch erst mal ganz unvoreingenommen begegnet, habe ihn freundlich als neues Mitglied unserer Familie begrüßt und mir auch weiter nichts gedacht, als ich mir beim ersten Versuch, das getoastete Brot zu entnehmen, die Finger verbrannt habe. Beim zweiten Mal habe ich geflucht, beim dritten Mal war ich klüger und habe das Brot mit dem Messer rausgefischt – nach vier Minuten hatte ich es so weit rausgehebelt, dass ich es mit spitzen Fingern an mich reißen konnte. Es handelt sich bei unserem Gerät nämlich um den Buckelwal unter den Toastern – will sagen, dass man ihn mit mindestens tellergroßem Brot füttern muss, um es ihm weitgehend unbeschädigt wieder entnehmen zu können. Unsere Nahrung besteht jedoch überwiegend aus normal großen Broten, und so verbringe ich weite Teile des

Morgens damit, nach Werkzeugen zu suchen, um an mein Brot zu gelangen. Am Ende nehme ich doch ein Messer, immer in dem Bewusstsein, dass die große Mehrheit der Todesfälle in unseren Breiten auf Haushaltsunfälle zurückgeht.

Was schreibt man eigentlich in eine Todesanzeige, wenn man beim Herumfingern mit einem Messer im Toaster von einem Stromschlag hingestreckt wird? Und wie viel Zeit hätte ich gewonnen, wenn ich all die Monate zusammenrechnete, in denen ich mich mit unserem Toaster herumgeärgert habe? Meine Frau ist gerade auf Dienstreise. Sehr wahrscheinlich werde ich das Teil morgen aus dem Fenster werfen …

Wahrscheinlich ist einer der Gründe, warum die Menschen auf Toaster mit solcher Nachsicht reagieren, der Umstand, dass es noch viel widerborstigere Geräte gibt. Ein Wort nur: Dunstabzugshaube. Nebenbei nicht nur eines der hässlichsten Wörter überhaupt – besonders in der Kurzform »Dunste« –, sondern auch einer der überflüssigsten Gegenstände, die das moderne Wohnen dem aufgeschlossenen Konsumenten aufgeschwätzt hat. Hing bei uns zehn Jahre in der Küche, wurde etwa dreimal benutzt, machte einen Lärm, dass man beim Kochen das Steak in der Pfanne nicht hörte, und war ansonsten so sensibel, dass sie von jedem schärferen Hinsehen unschöne fettige Fingerabdrücke bekam. Am besten funktioniere sie, hatte es beim Kauf geheißen, wenn man sie eine halbe Stunde vor dem Kochen einschaltet, damit die Luftumwälzung so richtig in Gang komme. Aha, nickten wir und schalteten sie natürlich erst während des Kochens ein. Funktionierte dann auch nicht, alles roch wie immer, nur lauter. Kurz und gut: Man bekommt zwar die unsinnigsten Dinge lieb, wenn sie einen nur zehn Jahre durchs Leben begleiten, aber nicht eine Dunstabzugshaube. Schon der ganze Ansatz, den Menschen um die Gerüche des

Kochens zu bringen, ist grundverkehrt. Vielleicht funktionieren die Dinger auch deshalb nicht: Weil sie feinfühlig genug sind, das zu begreifen. Oder gibt es etwas Besseres als den verheißungsvollen Geruch von Knoblauch in Öl? Man hat sich also von dem Ding getrennt, es in Ebay gestellt und unvorsichtigerweise nicht dazugeschrieben, dass man es nur gegen Abholung abgibt. Ergebnis: Man hat dreißig Euro dafür bekommen, dass man alle Umzugsfirmen der Stadt angerufen, nach Kartons mit neunzig Zentimeter Breite gefragt und schließlich eingesehen hat, dass es die nicht gibt, und nach Spandau gefahren ist, um in einer Kartonfabrik einen zu erwerben. Das Verpacken dauerte eine Stunde, der Paketbote bekam beinahe einen Nervenzusammenbruch, und jetzt veranstaltet das Teil irgendwo in der Nähe von Hamburg Lärm. Wenn man genau hinhört, kann man es bis hierher hören – und riechen.

Eine der Lieblingsformeln des amerikanischen Kinos lautet: vom Tellerwäscher zum Millionär. Eigentlich toll, dass sich der Spruch auch nach der Erfindung der Spülmaschine gehalten hat. Vom Spülmaschinenein- und -ausräumer zum Millionär klingt ja vielleicht nicht ganz so gut. Sind sowieso zweierlei Paar Schuhe. Ausräumen langweilt wie Hölle, einräumen hingegen ist eine Wissenschaft für sich. Wie man es dabei zum Millionär bringen kann, ist mir jedoch schleierhaft. Ich vermute mal, dass das Hirn dabei auf eine Art und Weise beansprucht ist, dass keine Zeit mehr für geniale Ideen bleibt, mit denen man Geld verdienen könnte. Obwohl ich beim Einräumen viel darüber nachdenke, ob wohl ein direkter Zusammenhang besteht zwischen dem Siegeszug der Spülmaschine und der plötzlich massenhaften Ausbreitung von Geschirr, das angeblich nicht spülmaschinenfest sein soll.

Die Spülmaschine an sich ist ja einer der gelungensten Beiträge zu Fortschritt und Komfort im Alltag, aber offenbar weckt das bei Geschirrherstellern den Drang, Sachen herzustellen, die sich dem widersetzen – und bei den Menschen wiederum das komplett idiotische Bedürfnis, das Zeug auch zu kaufen. Man muss sich das so vorstellen: Während allerorten Maschinen, die so intelligent sind, dass sie anhand des Verschmutzungsgrades des Wassers selbst feststellen können, wie lange sie spülen müssen, quasi nur zum Alibi vor sich hin laufen, stehen intelligente Menschen an der Spüle und schrubben langstielige Gläser, goldrandige Teller, versilbertes Besteck und was es sonst noch gibt, was vorgeblich zu fein für die Maschine ist. Aber gut, dass es den Fortschritt gibt.

Ich für meinen Teil habe zur Feier der Anschaffung einer neuen Spülmaschine einen sogenannten Einsatzkorb für langstielige Gläser gekauft, weil ich relativ ungern von Hand spüle. Was ich nicht wusste, war, dass die Maschine ohnehin eine Vorrichtung für langstielige Gläser hat, die vollständig reicht für unsere überschaubare Sammlung von spülmaschinenfesten langstieligen Gläsern. Der Einsatzkorb stand also ein paar Monate auf dem Küchenschrank, war aber nicht so formschön, dass er die Küche dadurch bereichert hätte. Also habe ich ihn bei Ebay eingestellt. Ergebnis: 38 Euro habe ich einst bezahlt, für einen Euro ging er weg, nach Berlin-Spandau. Das Porto kostete neun Euro.

Weil mich die Geschichte ein wenig deprimiert, werde ich fortan alles in die Maschine stecken, ob spülmaschinenfest oder nicht. Millionär wird man so natürlich auch nicht.

Die Lampen stehen, die Wandfarben strahlen, Espresso- und Spülmaschine bilden mit dem Toaster in der Küche eine glückliche Patchworkfamilie – und trotzdem darf man nicht glauben, dass man den eigenen vier Wänden entkommen könnte, nur indem man sich in die Ferien begibt. Gerade wenn meine Frau auf unserer Mittelmeerinsel ansetzt: »Das Schöne am Urlaub ist …«, und ich sage: »Ja. Genau«, ist mit dem Schlimmsten zu rechnen. Die Sonne scheint zwar, die Welt ist fern, und die Handys sind irgendwo – aber leider sind sie nicht ausgeschaltet. Fehler. Als die Sonne untergegangen ist, genügt ein Blick. Mailbox. Der Nachbar. Was will der denn? Der Hund ist untergebracht, das Auto auch, und die Tür ist abgeschlossen. Obwohl ich mir da nie so ganz sicher bin. Kann also eigentlich nur ein Einbruch sein. Ich rufe zurück. Aufs Schlimmste gefasst: die DVDs alle weg, der Computer auch, der meiner Frau sowieso, und all die sorgfältig in der Wohnung verteilten Sicherungsfestplatten ebenso. Dabei hatte ich mit Zeitschaltuhren ein ausgeklügeltes Beleuchtungssystem installiert, das jedem Einbrecher vorspiegeln musste, es sei jemand zu Hause. Jemand, der es allerdings vorzieht, auch tagsüber bei geschlossenen Jalousien zu leben.

Der Anruf ergab dann allerdings, dass die Wohnung so weit noch intakt ist, ihre Haushaltsgeräte jedoch den Aufstand proben. Zumindest der Kühlschrank hatte offenbar etwas dagegen, drei Wochen allein gelassen zu werden, und gab das durch einen Alarmton auch zu verstehen, der sich vom technisch versierten Nachbarn nur abstellen ließ, indem er das Ding vom Netz und das sogenannte Gefriergut zu sich nahm. Normalerweise genügte ein Knopfdruck, um das Ding zur Ruhe zu bringen, wenn es signalisieren wollte, dass irgendwas nicht mit rechten Dingen zugeht. Diesmal offenbar nicht.

Schön, dass es nette Nachbarn gibt, die schon deswegen zu ihrem Kühlschrank ein inniges Verhältnis pflegen, weil sie die Schildkröten ihrer Kinder zum Überwintern ins Gemüsefach legen. Wir konnten also unsere Handys beruhigt wieder wegpacken und unseren Urlaub in der schönen Gewissheit genießen, dass unsere Tiefkühlerbsen und was sonst noch dem Gefrierbrand entgegendämmerte in guten Händen ist. Aber obwohl mir der Nachbar schon deswegen handwerklich überlegen ist, weil er im Keller eine Werkbank stehen hat, war ich überzeugt, dass sich das Problem bei meiner Rückkehr durch einfaches Googeln doch irgendwie lösen ließe.

Zwei Wochen später nahm ich den Kühlschrank also wieder in Betrieb – und er quittierte es mit einem durchdringenden Alarmton. Und das Googeln ergab wenig, außer dass unser Modell seit Jahren aus dem Verkehr gezogen ist, weil es mit FCKW betrieben wird. Es musste also ein neuer Kühlschrank her – aber das dauerte.

Man macht sich keine Vorstellungen, wie sehr das eigene Selbstverständnis als funktionierender Teil der Gesellschaft von einem zuverlässigen Kühlschrank abhängt. Dass man warmes Bier trinken muss, ist noch das Geringste. Butter, Eier, Wurst – alle Lebensmittel schienen geradezu im Zeitraffer ihrer Ungenießbarkeit entgegenzueilen. Als wollten sie gegen die fehlende Kühlung protestieren. Ohne Kühlschrank ist praktisch jedes Nahrungsmittel, das man sich zulegt, auf eine Art vom sofortigen Verfall bedroht, dass man sich im Nu selbst ganz ranzig und schimmelig vorkommt.

Seither bin ich davon überzeugt, dass der Kühlschrank von allen zivilisatorischen Errungenschaften die coolste ist.

Dass der Trockner tags darauf auch noch den Geist aufgab, ist eine andere Geschichte. Auch keine schöne. Aber weniger existenziell. Und doch weckte es in mir eine Unruhe, weil ich wusste, wo alle Wände gestrichen, alle Lampen installiert und alle Haushaltsgeräte ausgetauscht sind, meine Frau todsicher sagen wird: »Ich habe nachgedacht …«.

LONDON
HONG KONG

»Welchen Koffer nimmst du?« – über das Reisen

Ganz generell wird ja unter intelligenten Menschen so getan, als sei es unter ihrer Würde, übers Wetter zu reden. Vielleicht bin ich ja nicht ganz so intelligent, wie ich gerne denke, aber ich rede gerne übers Wetter. Am liebsten rede ich überhaupt nur übers Wetter. Unerschöpfliches Thema. Dabei leide ich noch nicht einmal unter Gelenkrheumatismus, der sich bei feuchtem Wetter unangenehm bemerkbar machte, und habe auch keine Hühneraugen, die auf Wetterumschwünge reagieren würden. Ich leide lediglich unter schlechter Laune, wenn das Wetter schlecht ist. So einfach ist das – und so doof. Denn das Wetter bei uns bietet selten Anlass zur Freude.

Wenn mich also meine Frau etwa an Ostern fragt, warum ich schlechte Laune habe, obwohl ich sonst nichts weiter zu tun habe, dann kann ich in der Regel dafür einen Grund anführen – vielleicht keinen guten, aber immerhin einen. Im Kalender steht nämlich Frühlingsanfang, aber draußen ist es nicht nur seit Wochen saukalt, sondern es schneit auch noch. Ich will das nicht mehr. Mir schlägt das aufs Gemüt. Nun könnte man einwenden, dass ein kalter März in unseren Breiten eigentlich keine große Überraschung mehr sein dürfte. Nicht wenn man hier geboren ist. Warum ich trotzdem glaube, ich hätte einen Rechtsanspruch darauf, dass der Frühling gefälligst auch beginnt, wenn es im Kalender steht, weiß ich auch nicht. Ist aber so. Wahrscheinlich kommt es daher, dass wir von einem Volksstamm abstammen, der sich vor Jahrhunderten in einer Gegend niedergelassen hat, in der das Wetter die Hälfte des Jahres nicht gerade stimmungsförderlich ist. Sie hätten ja auch weiterziehen können, Richtung Süden, und wenn uns die Römer dort vielleicht nicht haben wollten, dann hätte es ja auch die Côte d'Azur getan. Oder von mir aus Antalya. Okay, da waren die Römer auch überall, aber als sie nicht mehr dort waren, machte unsereiner auch keine Anstalten, endlich südwärts zu ziehen. Aber nein, unsere Vorvorfahren waren schlichte Gemüter und sagten sich, hier sind die Wiesen schön grün, hier haben unsere Kühe was zu fressen, hier bleiben wir. Und wenns kalt wird, dann wickeln wir uns eben in Felle und frieren ein bisschen.

Von diesem gottergebenen Stumpfsinn stammen wir also ab – und da soll man keine schlechte Laune bekommen. Deshalb schaue ich jeden Abend die Tagesschau und warte auf die Wetterkarte, um mich zu ärgern: Azorentief, polare Kaltluft, Schneefall bis auf 800 Meter. Es gibt Leute, die mögen das, denn es bedeutet: lustige Atemwölkchen, Schneeblumen am Fenster, rote Bäckchen. Es gibt sogar Leute, die kommen aus Kalifornien zurück und behaupten, es sei ja sehr schön da, aber das ewig gleichförmige Wetter würde ihnen aufs Gemüt schlagen. Sie hätten dort irgendwann den Wechsel der Jahreszeiten vermisst. Was mich angeht, kann ich auf die Jahreszeit namens Winter sehr gut verzichten. Und was Frühling und Herbst betrifft, so mag ich sie durchaus, wenn sie ihren Namen verdienen, aber in Wahrheit muss man sie hierzulande zu oft dem Winter zurechnen. Denn entweder hört der Winter nicht auf – oder er schickt seine Vorboten schon, wenn man noch darauf wartet, ob der Sommer nicht vielleicht doch noch einlöst, was er nicht gehalten hat, als er es eigentlich schuldig war. Trotzdem bin ich immer noch da. Genauso blöd wie meine Urväter. Vermutlich habe ich deswegen schlechte Laune.

Es kann also passieren, dass ich im Oktober eine Nachbarin auf der Straße treffe, die fragt, ob ich eigentlich noch mit dem Rad zur Arbeit fahre. Ich sage wahrheitsgemäß, genau dies sei der Grund, warum ich in dieser schrecklichen Felljacke herumlaufe. Sonst würde ich nämlich auf dem Rad erfrieren. Ja, meinte sie, im Radio habe sie heute morgen gehört, uns stehe der kälteste Winter seit Menschengedenken bevor. Seit Menschengedenken, so hat sie wirklich gesagt. Was heißt denn das? Werden die Heizungen einfrieren? Wird man das Parkett verfeuern müssen, vielleicht sogar die Billy-Regale, um das Feuer in der Wohnzimmermitte am Brennen zu halten, damit man beim Schlafen keine Frostbeulen bekommt? Ich hätte die Nachbarin fragen sollen: Wo im Radio? Welcher Sender? Was für Anhaltspunkte wurden angeführt? Wurden Zahlen genannt? Stattdessen habe ich nur gesagt, höhö, das werde man ja noch sehen, oder etwas in der Art. Dabei wollte ich mich eigentlich vor Verzweiflung auf den Boden werfen und schreien: »Der letzte Winter, der gefühlte acht Monate dauerte, ist doch erst seit Kurzem vorbei!« Um dann loszurennen, um Panikeinkäufe zu tätigen: Gaskocher, Bunsenbrenner, Kaminanzünder, Streichhölzer. Destilliertes Wasser, Zwieback, Grippemittel. Man weiß ja nicht, ob man nicht schon im November nicht mehr zum Haus herauskommt, weil der strenge Frost die Türschlösser eingefroren hat. Dabei war ich eigentlich immer noch damit beschäftigt, auf den goldenen Herbst zu warten. Letzte wärmende Minuten in der verdämmernden Sonne, ehe es wieder eisige Nacht wird. Stattdessen also so etwas wie Kriegswinter. Oder zumindest das, was ich mir darunter vorstelle: eine schlecht ausgerüstete Armee vor Stalingrad, das Thermometer zeigt schon fünfzig Grad minus, aber die gefühlte Temperatur ist wegen der eiskalten Sturmwinde noch weit darunter. Mir schleierhaft, wie die es auch nur eine Minute dort ausgehalten haben. Ich habe mal eine Reportage über die Schulkinder in Sibirien gelesen, wo die Luft so kalt sei, dass sie sich an der Spur der Klassenkameraden orientieren können, die ihre Körperwärme als Tunnel in der Eiseskälte hinterlassen haben.

Vielleicht keine wahre, aber eine traurige Geschichte. Ich halte schon Temperaturen unter zehn Grad für eine Zumutung. Zehn Grad plus! Leider ist diese Art von Hochmut in unseren Breiten gänzlich unangebracht. Hierzulande wärmt man sich an seinen paar Sonnentagen und dankt ansonsten seinem Herrn, dass er die Fernwärme erfunden hat. Und verflucht die zuständigen Versorger, dass sie an schweinekalten Abenden im Spätsommer kein warmes Wasser durch die Leitungen schicken, als könne man sich an dem bloßen Umstand, dass es August ist, erwärmen – obwohl es nur noch zwölf Grad hat. Und als könne man die Heizleistung heutzutage nicht von den real existierenden Temperaturen abhängig machen. Stattdessen herrscht dort so eine Kriegswintermentalität: Wenn es unsere Jungs vor Stalingrad bei fünfzig minus geschafft haben, dann wird man abends ja wohl fünfzehn plus in der Wohnung aushalten. Ich sage: Nein. Ich sage: Ich ziehe nach Süden. Und zwar sofort.

Eine gewisse Weinerlichkeit, was die klimatischen Gegebenheiten angeht, ist mir also nicht abzusprechen, aber ich habe mich doch noch weitgehend unter Kontrolle, wenn das Wetter dann macht, was man hierzulande von ihm erwarten darf. Die Älteren unter uns können sich erinnern, dass jenes gelegentlich etwas ermüdende Ritual namens Jahreszeiten mit schöner Regelmäßigkeit daraus bestand, dass in den etwas kälteren Monaten, die man Winter nennt, eine Art von Niederschlag vom Himmel fiel, die sich Schnee nannte, erst weiß war und das Auge erfreute, später grau wurde und nasse Füße machte. Damals, lang ist's her, überraschte das niemanden sonderlich, es gab zwar auf den Straßen Blechschäden und bei der Bahn Verspätungen wegen eingefrorener Weichen, aber weil man das gewohnt war, nahm man die Schneeschaufel zur Hand und fügte sich ansonsten ins Unvermeidliche.

Wenn heutzutage im Winter Schnee fällt, scheint hingegen jeder überrascht. Es ist Januar, es fällt Schnee – und plötzlich ist das Schlagzeilen wert. Man könnte auch melden: Die Erde ist rund! Die Schwerkraft hält uns auch heute noch auf der Erde!! Frauen haben Brüste!!! Stattdessen Hirnschwund allenthalben. Mancher hat es vielleicht vergessen, aber nein, wir leben nicht in Kalifornien und noch nicht einmal in Mallorca, sondern in DEUTSCHLAND. Zu dessen Nachteilen gehört es von alters her, dass es hier einen WINTER gibt, in dem SCHNEE fällt. Hallooo! Schnee ist aber bei uns offenbar nur noch als Schneechaos zu haben – ohne den Zusatz ist das Wort praktisch nicht mehr denkbar. So wie es Grippe nur noch als Pandemie gibt – wahlweise auch als Impfchaos. Das Beste aber ist, dass weder das eine noch das andere wirklich eintritt, weswegen sich dann alle postwendend über das ausgebliebene Chaos lustig machen, als hätten sie es nicht selbst heraufbeschworen. Erst bestehen die Meldungen aus dem drohenden Schneechaos, dann aus dem ausgebliebenen Schneechaos. Tatsache ist, dass es einfach nur Winter ist, in dem manchmal mehr und manchmal weniger Schnee fällt, was dann zu mehr oder weniger Unpässlichkeiten führt.

Und das gilt bitteschön auch für Inseln wie Fehmarn, die dann so tun, als seien sie in Wirklichkeit Ibiza und zum allerersten Mal mit Schnee konfrontiert. Wenn Fehmarn das auf einmal nicht mehr passt, möchte man sagen, dann soll es doch bitte in die Ägäis schwimmen oder gleich in die Karibik und dort mit den anderen Sonneninseln glücklich werden. Und da können auch gleich die Typen hinterherschwimmen, die sich über Verspätungen bei der Bahn aufregen, als sei deren Pünktlichkeit ein Menschenrecht, gegen das zu verstoßen mit Schlagzeilen nicht unter halben Seiten zu ahnden ist. Ist unser Leben wirklich so aus den Fugen, dass wir überall Chaos sehen müssen, wo einfach der Lauf der Dinge am Werk ist? Und ich sage das nicht, weil ich den Schnee besonders mögen würde. Im Gegenteil. Aber wenn ich mich recht erinnere, dann war er auf meiner Geburtsurkunde im Kleingedruckten vermerkt. Der Rest ist Pollenchaos, Hitzechaos, Laubchaos …

Um dem Chaos und Wetter zu entfliehen, gibt es eine naheliegende Lösung: Verreisen! Im Prinzip sehr zu empfehlen, im Detail aber selten so einfach zu haben, wie es klingt. Das geht schon mit dem Kofferpacken los. Wenn Filme Frauen dabei zeigen, wie sie den Koffer packen, um zu ihrer Mutter zu ziehen, dann geht das meistens so, dass sie zum Schrank gehen, ein paar Bügel samt Behänge greifen, den ganzen Krempel in den offenen Koffer werfen, dann wütend ein paar Schubladen aufreißen und den Inhalt hinterherkippen. Fertig. Ob der Koffer zugeht, interessiert das Kino nicht, ebenso wenig die Frage, wie das Zeug aussieht, wenn sie es bei Muttern wieder auspacken. Allenfalls sieht man sie wütend aus dem Haus stapfen, während aus dem Koffer noch dekorativ ein Ärmel oder ein Strumpfhosenbein hängt. Man hört dabei quasi den Regisseur den Requisiteur zusammenpfeifen, er solle was aus dem Koffer raushängen lassen, damit der Zuschauer begreift, dass die Frau auch wirklich auf hundertachtzig ist.

Denn so viel ist klar: Im wirklichen Leben würde keine Frau jemals die Sachen ungefaltet in den Koffer pfeffern, nicht, wenn sie ihren Mann verlässt, und auch nicht, wenn gerade das Schiff unterginge, auf dem sie sich befindet. Denn für Frauen ist Kofferpacken eine hohe Kunst, die sich allenfalls mit dem Mundblasen venezianischer Gläser vergleichen lässt und sich von dieser vor allem dadurch unterscheidet, dass Männer sie nicht erlernen können. Denn Kofferpacken erfordert offenbar eine Einsicht in die Anforderungen des Lebens, die nur Frauen zugänglich ist. Und weil diese bekanntlich sehr hoch sind, muss man fürs Packen den besseren Teil eines Tages einplanen. Mindestens. Und zwar interessanterweise unabhängig davon, ob man drei Wochen in Länder mit ungewissen Klimabedingungen reist oder nur übers Wochenende nach Paris. Ein Tag. Drunter geht's nicht. Den Tag vor dem Urlaub kann man also vergessen – und den letzten Tag des Urlaubs auch. Wobei Letzterer etwas entspannter ist, weil die Packmenge insgesamt überschaubarer ist. Trotzdem muss man noch mal unters Bett schauen, sich drei Mal die Frage anhören, ob man noch mal im Bad gewesen ist, und am Ende feststellen, dass man trotzdem das Handyladegerät im Hotel vergessen hat. Mir persönlich reicht es, wenn man neben Ticket und Pass die Kreditkarte dabeihat, mit der man sich im Ernstfall kaufen kann, was man vergessen hat. Aber das ist nicht, was Frauen hören wollen, wenn es ans Packen geht. Da muss alles bedacht sein, vor allem das Unwahrscheinliche, also etwa ein Kälteeinbruch auf einer Afrikareise. Immerhin muss man zugeben, dass Frauen Bewundernswertes vollbringen in ihrer Origami-Kunst, ein Hemd so zusammenzufalten, dass es am Zielort nicht aussieht, als habe man darin geschlafen – und zwar eine ganze Woche lang. Aber trotzdem gibt es gute Gründe, warum das Kino Frauen nicht dabei zeigt, wie es wirklich ist, wenn sie Koffer packen. Denn dann würden die Filme von überhaupt nichts anderem mehr handeln.

Über das Hemdenfalten

Meine Frau sagt: »Welchen Koffer nimmst du?« Ich verreise nämlich, und im Unterschied zu anderen Familien fängt bei uns die Reise mit der Kofferwahl an. Klein, mittel, groß. Handgepäck, Rucksack, Rollkoffer. Ich würde gerne mit so wenig Ballast wie möglich losziehen, aber das ist bei Reisen in der Regel schwer zu bewerkstelligen. Ich bewundere Menschen, die daran keinen Gedanken verschwenden, kurz vor der Abfahrt irgendwas ins nächstbeste Gepäckstück werfen und losziehen. Bei uns geht das nicht so einfach. Meine Frau nimmt sich quasi ein Freisemester, um für anstehende Reisen zu packen, und obwohl ich gerne so tue, als wäre ich anders, befällt mich bei nahenden Reisen stets eine Art Packpanik, die mich tagelang damit quält, wie ich meinen Anzug knitterfrei transportiere oder ob ich ihn doch am besten gleich anziehe – was stets zu der grundsätzlichen Frage führt, ob ich für den Anlass eigentlich überhaupt einen Anzug brauchen werde.

Dazu muss man sagen, dass ich das fachgerechte Zusammenfalten eines Anzugs in einen Koffer wie kaum etwas sonst im Leben hasse, denn ich gehöre zu den Menschen, deren Anzug bereits Falten wirft, wenn sie ihn nur ansehen. Von

Hemden ganz zu schweigen. Ich muss mich mit einem frisch angelegten Hemd nur bücken, um meine Schuhe zu schnüren, und es sieht aus, als hätte ich zwei Wochen darin geschlafen. Manchmal frage ich mich, ob ich die Schuhe vielleicht schon zum Duschen anziehen sollte, um hinterher knitterfrei in mein Hemd steigen zu können. Reisen verschärft diese Probleme nur, wenn man nicht wie manche Leute quasi im Pyjama außer Haus gehen will, um es im Flugzeug bequem zu haben. Weiche Fasern, bequeme Schuhe, bloß keine Thrombosen. So mag ich aber nicht reisen. Deswegen Packstress, Pack-HORROR.

Meine Frau ist da pragmatischer. Es dauert zwar, aber man könnte mit ihr Lehrvideos übers Kofferpacken drehen und sie auf YouTube stellen. Packen ist für sie ein Gottesdienst, dessen Liturgie keine Abweichungen und schon gar keine Abkürzungen verträgt. Die Dinge müssen herausgelegt und dann in korrekter Reihenfolge verstaut werden. Macht mich wahnsinnig. Ist aber alternativlos. Und im Grunde die einzige Lösung. Denn ich tigere stattdessen stundenlang vor der Garderobe hin und her, imaginiere meine Habseligkeiten mal in diesen, mal in jenen Koffer, verwerfe dieses oder jenes Kleidungsstück, lege stattdessen tonnenweise Bücher heraus, die ich dann doch nie lesen werde, und bin vor allem nie so cool, wie ich das gerne hätte. Gottlob verreise ich für mehr als nur ein Wochenende. Da kann ich den Hartschalenkoffer nehmen, der groß genug ist, um alles einfach hineinzuwerfen. Mehrere Paar Schuhe, mehr Bücher, als ich lesen kann – und wenn meine Frau nicht hinsieht, lege ich meine Hemden auch ungefaltet hinein. Wo ich hinfahre, ist es nämlich so feucht, dass Hemden schon nach Minuten ohnehin nass am Körper hängen. Cool!

Einer der Vorteile am Auto ist unbestreitbar, dass Kofferpacken weniger Nachdenken erfordert. Zur Not pfeffert man im letzten Moment sperrige Ausrüstungsgegenstände auf die Ladefläche und muss dann nur zusehen, dass der Hund noch Luft zum Atmen kriegt. Nicht, dass das meine Frau von der peniblen Falterei abhielte, aber mich befreit es ungemein. Und nur aus Gründen der Praktikabilität sehe ich davon ab, meinen Hausstand einzeln ins Auto zu werfen.

Ist eigentlich schon mal jemandem aufgefallen, dass die Beschilderung auf Autobahnen unter aller Sau ist? Eigentlich müsste man ja meinen, dass man da nicht viel falsch machen kann, weil sich viele Leute gegen Geld viele Gedanken machen, damit sie idiotensicher ist. In meiner Eigenschaft als Beifahrer kann ich nur sagen, dass sie das nicht ist – oder mir selbst als Idiot nicht zu helfen ist. Letzteres ist durchaus möglich, und meine Frau hält es sogar für wahrscheinlich, weil ich mich die ganze Fahrt über krampfhaft an Autokarten festhalte, um dann aber im entscheidenden Moment zu versagen. Jede Abfahrt versuche ich mir einzuprägen, jede Abzweigung vorwegzunehmen, jeden Spurwechsel vorauszuahnen, aber irgendwie ist es hoffnungslos, denn auf jedes Schild, das die Stadt anzeigt, die man anvisiert hat, folgt eines, auf dem dieselbe Stadt unerklärlicherweise verschwunden ist und nur noch Orte genannt werden, von denen man noch nie gehört hat und die auf die Schnelle auf der Karte auch nicht zu finden sind. Im Ausland ist es in der Regel noch schlimmer, aber das mag wie gesagt an mir liegen.

Einmal war ich mit einem Freund unterwegs an die Côte d'Azur, und als wir die Alpen überquert hatten, wies bei Turin ein Schild nach Frejus. Aha, dachte ich, Frejus kenne ich, liegt an der Côte d'Azur. Von der Eigentümlichkeit, dass so ein kleiner Küstenort schon in Italien angezeigt wird, ließ ich mich nicht weiter beirren. Und so folgten wir tapfer diesem Wegweiser, obwohl es uns seltsam vorkam, dass die Gegend immer bergiger wurde, statt uns hinab zum Mittelmeer zu führen. Irgendwann fing es an zu schneien, und wir konnten nicht länger die Augen vor der bitteren Wahrheit verschließen, dass unser Frejus ein anderes sein musste. Tatsächlich war der gleichnamige Alpenpass gemeint, der ein Grenzübergang auf dem Weg nach Grenoble ist. Wir verständigten also unsere vorausgefahrenen Freunde, dass es mit dem Abendessen wohl nichts mehr werden würde, und nahmen uns ein Hotel.

Die Sache beweist natürlich nichts außer meiner Blödheit, aber sie ist auch deswegen nicht ganz uninteressant, weil völlig klar ist, dass dieselbe Aktion an der Seite meiner Frau (und nicht nur meiner) noch in den Alpen zur sofortigen Scheidung geführt hätte. Wohingegen der Freund die Sache eher sportlich nahm und meine Tauglichkeit als Beifahrer nicht weiter infrage stellte. Aber ich gebe zu, dass ich vielleicht zu verkrampft bin und nicht das große Ganze im Blick habe. Meine Frau wirft mir wahrscheinlich deshalb immer vor, ich würde zu spät anmelden, wenn wir die Spur wechseln müssen. Ich halte mir eben gerne alle Optionen so lange wie möglich offen. Autofahrer wollen aber keine Optionen, sondern klare Ansagen. Man möchte eigentlich meinen, dass das alles nicht so schwierig ist. Es gibt große Straßen, die nennt man Autobahnen, und kleinere, die sogenannten Bundesstraßen, da braucht man eigentlich kein Studium, um von A nach B zu kommen. Das vielleicht nicht, aber aktuelles Kartenmaterial hilft.

Weil für mich der Kauf einer neuen Straßenkarte ein Akt ist wie die Beantragung eines neuen Personalausweises, haben wir unlängst versucht, uns mit einer Landkarte von 1973 zu einer Hochzeitsfeier durchzuschlagen – kann ich nicht empfehlen. Das Problem ist eigentlich weniger, eine neue Karte zu erwerben, als die alte auszurangieren. Das scheint mir irgendwie verschwenderisch, denn schließlich ist ja nicht alles falsch darauf, gute 99 Prozent der Angaben sind ja noch richtig. Aber ich gebe zu, dass das womöglich der falsche Ansatz ist. Hochzeiten, die schon vorbei sind, wenn man ankommt, sind für alle Beteiligten nur das halbe Vergnügen. Auf der Rückfahrt haben wir eine neue Karte erworben – und haben uns trotzdem verfahren. Das Problem scheint mir vielleicht doch woanders zu liegen.

Über Schweißausbrüche

Meine Frau sagt: »Hast du die Tickets?!« Meine Frau sagt das immer, wenn wir im Taxi zum Flughafen sitzen – besonders gern, wenn sie selbst die Tickets hat. Führt bei mir regelmäßig zu Herzstillstand, obwohl ich eigentlich weiß, dass ich die Tickets gar nicht haben kann, weil sie sie hat. Das ist wie bei den Kontrolleuren in der S-Bahn, bei deren Ruf »Die Fahrscheine bitte!« mir auch jedes Mal der Schweiß ausbricht, obwohl ich eine Jahreskarte besitze und nichts zu befürchten habe. Es muss etwas mit jenem Phänomen zu tun haben, das Wolfgang Hildesheimer mal beschrieben hat, wonach bei einem nächtlichen anonymen Anruf, alles sei aufgeflogen, drei Viertel der Menschheit ihre Koffer packen und das Weite suchen würde. Man fühlt sich eben immer irgendwie schuldig – oder zumindest dreiviertelschuldig genug, um in Panik zu geraten. Deswegen bekomme ich auf die Frage nach den Tickets einen

Dreiviertelherzstillstand. Und meine Frau freut sich und grinst – solche Spielchen halten jede Ehe frisch wie am ersten Tag.

Wir haben also die Tickets, und ja, die Ladegeräte haben wir auch, für jedes Handy, jeden iPod, jeden Computer – lauter technisches Spielzeug, das unser Leben definitiv erleichtert hat, aber jedes Mal wenn ich unterm Schreibtisch herumkrieche, um mein Computernetzteil auszustecken, oder in einem fremden Land versuche, ein passendes Ladegerät für meinen Handytyp aufzutreiben, frage ich mich, ob das Reisen früher nicht ein klitzekleines bisschen leichter war. Aber diesmal hatten wir alles, wirklich alles, nichts vergessen, Pässe überprüft, Geldbeutel am Leib – und auch die Tickets waren da. Trip nach New York mit der ganzen Familie, erwachsene Tochter und halbwüchsiger Sohn, das volle Programm. Sinnlos früh das Taxi gerufen – und dann trotzdem am Ende einer langen Schlange am Gate gestanden. Irgendwann kommt der Mann, der die Pässe kontrolliert, auch zu uns. Wir reichen ihm vier Pässe, alle noch über ein Jahr gültig, alles bestens. Der Mann hält den Kinderausweis meines Sohnes mit spitzen Fingern hoch und sagt: Damit nicht! Guter Witz, denkt man im ersten Moment. Aber der Mann meint es ernst: Der Ausweis ist nicht maschinenlesbar, damit können Sie nicht einreisen. Entzückend. Wir steuern hier auf einen der mit Abstand unerfreulichsten Momente in meinem Leben als Flugreisender – und als Familienvater – zu. Das ist keine Dreiviertelkatastrophe – sondern ein Volldesaster. Der Typ lässt auch nicht mit sich diskutieren. Er sagt: Entweder besorgen Sie sich einen maschinenlesbaren Reisepass, oder Sie besorgen ein Visum und fliegen mit Ihrem Sohn nach. Die Details, wie wir es geschafft haben, am folgenden Tag tatsächlich das Flugzeug zu besteigen, kann man sich hier vielleicht sparen. Die Botschaft lautet: Man darf sich nie zu sicher fühlen. NIE! Und deswegen ist die Frage nach den Tickets völlig berechtigt. Herzstillstand hin oder her.

Über Billigflieger

Immer wenn ich im Taxi sitze und zwanzig Euro für eine Fahrt zum Prenzlauer Berg bezahle, denke ich: Dafür hätte ich auch nach Pisa fliegen können. Oder nach Riga. Oder wenigstens nach Linz. Steht doch überall. Für 19 Euro hierhin, für 29 Euro dorthin. Und in der Mailbox finden sich dauernd Angebote: Buchen Sie jetzt Ihren Flug in die Sonne für nur einen Euro. Das würde ich schon gerne machen, denn an all diesen Orten ist es wahrscheinlich schöner als am Prenzlauer Berg. Und das Wetter unter Umständen besser. Warum bin ich trotzdem noch hier? Weil bei genauerer Betrachtung all diese Ein-Euro-Flüge irgendwann unter der Woche um 6.50 Uhr ab Flughafen Schönefeld abgehen, man also ungefähr um drei Uhr in der Früh aufstehen und einen Tag in einer fremden Stadt im Wachkoma zubringen müsste. Außerdem weiß natürlich inzwischen jeder, dass auf all diese Angebote Steuern, Flughafengebühren, Treibstoffzulagen und Pilotenpensionszulagen aufgeschlagen werden und am Ende jeder Flug dann doch wieder hundert Euro kostet. Andererseits ist das verglichen mit dem, was Flüge früher gekostet haben, natürlich immer noch geschenkt. Aber wehe, man möchte mal eines dieser Angebote in Anspruch nehmen, weil man zu einem bestimmten Zeitpunkt an einen bestimmten Ort will. Das sind dann grundsätzlich Strecken, für die keine Angebote existieren und wo dann alles kostet, was es schon immer gekostet hat. In der Regel kann man dann genauso gut einen Linienflug nehmen. Mich nervt das, dieses ständige Durchforsten der Billgflugseiten im Netz, bei dem doch immer nur herauskommt, dass man am Ende im selben Flugzeug mit Leuten sitzt, die einen Euro gezahlt haben, weil sie ein halbes Jahr im Voraus gesagt haben, warum nicht mal Triest? Und immer wenn man jemandem von diesem Frust erzählt, heißt es, wieso, ich bin kürzlich nach Nizza geflogen und habe 29 Euro bezahlt, obwohl ich erst einen Tag vor Abflug gebucht habe. Man ist also immer zu früh oder zu spät. Aber so ist das Leben. Trotzdem habe ich die Billigfliegerverarsche satt. Es sind zwar die Zeiten vorbei, als für die Onlinebuchung Servicegebühren – SERVICEGEBÜHREN! – erhoben wurden, aber neuerdings ist es so, dass man automatisch gegen Zuzahlung reiseversichert wird, wenn man sich nicht aktiv dagegen entscheidet. Und Kreditkartenzahlung kostet auch noch mal sieben Euro extra. Und das Allerneueste: Man bezahlt fürs Gepäck. Und das wird auch noch als »Mehr Auswahl für Sie« verkauft: Fliegen ohne Gepäck – weniger bezahlen! Als Nächstes kommt dann wahrscheinlich: Fliegen im Gepäckraum – noch weniger bezahlen!! Oder: Fliegen ohne Flugzeug – mit dem Flughafenbus direkt ans Ziel!!! Vielleicht sind zwanzig Euro fürs Taxi zum Prenzlauer Berg am Ende doch ein Schnäppchen …

Über Rasierwasser im Fluggepäck

Meine Frau sagt: »Das weiß doch jeder!« Natürlich weiß das jeder, dass man ins Flugzeug keine Behältnisse mitnimmt, die über hundert Milliliter fassen. Habe ich eigentlich auch immer gewusst. Habe mich sogar aufgeregt über die Typen, die vor mir in der Schlange Diskussionen mit den Kontrollbeamten anfangen über irgendwelches Zeugs, das sie zurücklassen müssen. Definitiv Problempassagiere. Weiß man doch mittlerweile, was geht und was nicht. Und dann ich. Völlig arglos. Wie immer haben beim Durchschreiten des Detektors meine Schuhe gepiepst, wie immer habe ich meinen Gürtel öffnen müssen, wie immer habe ich innerlich gekocht über die entwürdigenden Prozeduren, denen man sich beim Reisen unterziehen muss, aber so getan, als sei es mir eine Ehre, meiner staatsbürgerlichen Pflicht nachzukommen und meinen Gürtel zu öffnen, damit mir jemand in den Hosenbund fassen kann. Habe mich wie immer gefragt, warum ich mich nicht einfach in den Zug setze. Andererseits: Rom! Deutsche Bahn? Italienische Bahn?? Also Flug, Kontrollgegrapsche, Demütigung. Nach überstandener Befingerung fröhlich zum Röntgenband geschritten, um meine Sachen einzusammeln. Laptop getrennt, Mantel extra, Bordkarte bereit, Flüssigkeiten in der Plastiktüte. Reine Formalität. Von wegen. Der Beamte hält mein Rasierwasser hoch und sagt: »Sie wissen schon, dass Sie nur hundert Milliliter mit sich führen dürfen?« Ich sage: »Äh ja?« Er: »Das sind zweihundert Milliliter. Ich muss Sie auffordern, diese Flasche zu entsorgen.« In solchen Momenten versucht man, sich zu erinnern, was genau schiefgelaufen ist. Die kleine Flasche war leer, die große voll, und irgendwie war mir das ganze Hundertmilliliterdings entfallen, und ich dachte, es genüge, alles im Plastikbeutel mit sich zu führen. War aber nicht so. Problem! Wenn man sich wegen zwanzig Euro hin oder her für einen bestimmten Flug entschieden hat, tendiert die Bereitschaft, eine volle Rasierwasserfalsche für fünfzig Euro in den Müll zu werfen, natürlich gegen null. Einzige Option: Hundertmillilitergefäße zum Umfüllen zu finden. Meine Frau zog also los, ich wartete mit meinem Rasierwasser in der Hand am Band, als sei es Flüssigsprengstoff. Als meine Frau zwanzig Minuten später wiederkehrte, in denen ich mehrfach den Verdacht hatte, sie habe ihren Problemehemann einfachheitshalber zurückgelassen, brachte sie drei kleine Wodka-Fläschchen, die sie für jeweils zwei Euro erstanden hatte. Der Zollbeamte nickte anerkennend und beschied mich jedoch, zum Umfüllen müsste ich den Kontrollbereich wieder verlassen. Weil der Flug aber schon aufgerufen war, blieb uns nur, das Rasierwasser in die vorgesehene Tonne zu werfen und mit drei kleinen Wodkafläschchen den Flug nach Rom anzutreten. Wenn also immer über den grassierenden Alkoholismus auf Charterflügen geklagt wird, kann ich nur um Nachsicht bitten und sagen: Das sind alles Typen, die sich den Frust, ihr Rasierwasser zurücklassen zu müssen, schöntrinken. Prost auch!

Über Mücken

Urlaubszeit. Prima. Wenn die Ehe die Anreise überlebt hat, dann hat man die stärkste Belastungsprobe für Mensch und Material immer noch vor sich: Mückenalarm! Denn ist die Nachtruhe erst mal ruiniert, streitet sich's ganz ungeniert. Interessant in dem Zusammenhang ist vielleicht, dass bei den

Mücken nur die Weibchen stechen, die Männchen haben offenbar andere Sorgen. Noch mal zum Mitschreiben: Das Weibchen muss nach der Begattung Proteine zu sich nehmen, um Eier zu bilden, und die finden sich leider nur in unserem Blut – die Männchen hingegen – sympathischer Zug – rollen sich nach dem Akt offenbar auf die andere Seite und schlafen ein. Das hat die Natur ja wieder fein eingerichtet. Es gibt Menschen, die machen trotzdem in Skandinavien oder Kanada Urlaub, aber denen sei ein Eintrag im Guinnessbuch der Rekorde vorgehalten, wonach es eine Frau geschafft hat, auf den nicht mal hundert Metern zwischen See und Ferienwohnung fast tausend Mal gestochen zu werden. Respekt, so macht der Urlaub Spaß, da hat man hinterher was zu erzählen. Bei verschiedensten Anlässen wird ja gerne von den Schäden für die Volkswirtschaft geredet, aber von der Heimsuchung des nationalen Seelenhaushalts durch die Stechmücke ist leider nie die Rede. Das ist die Sorte Problem, die in unseren Breiten seltsamerweise als gottgegeben gilt. Da hat mancher günstig ein Seegrundstück erworben und verbringt die Sommerabende hinter verschlossenen Fenstern, weil er sonst keine ruhige Minute mehr hat. Was soll er auch sonst tun? Das Haus verkaufen, weil die Mücken nerven? Man muss vielleicht mal die positive Seite sehen: Es gibt eine drei Viertel Million bekannter Insektenarten, in Wahrheit wahrscheinlich doppelt so viel, das macht grob geschätzt eine Trillion Insekten, also für jeden Menschen lockere 200 Millionen. Man muss womöglich dankbar sein, dass nur ein paar davon unsere Nähe suchen und der Rest sich irgendwo fröhlich der Fortpflanzung hingibt. Sollte der Rest auch mal auf den Trichter kommen, dass der Mensch im Grunde ein wehrloses Tierchen ist, dann war's das mit unserer Weltherrschaft. Stattdessen haben wir nichts

Besseres zu tun, als uns vorm Weißen Hai zu fürchten und arme Vierbeiner, die sich an ein paar Nutztieren vergehen, gleich als Problembären zu denunzieren. Unsere wahre Sorge sollte vielmehr die Problemmücke sein. Aber nicht mal das Kino hat sich der Sache richtig angenommen: Einen einzigen Film gibt es zu dem Thema, »Mosquito«, in dem Riesenmücken zum Angriff blasen. Aber in dem Fall muss man aus einer Mücke wirklich keinen Elefanten machen.

Über Ameisen

Meine Frau sagt: »Räumst du denn noch die Küche auf!?« Das ist an sich keine ungewöhnliche Frage – einer kocht, der andere räumt auf –, was mich aber in Alarmbereitschaft versetzte, war der Nachdruck, mit der sie vorgebracht wurde. Wir waren in einem Haus von Freunden auf einer Mittelmeerinsel und hatten vorher eine Art Gebrauchsanleitung bekommen: wo die Ersatzgasflasche für den Herd steht, was man machen muss, wenn die Toilette verstopft ist, so Zeug, und dazu die freundliche Mahnung, die Küche sauber zu halten, denn es gebe Ameisen, deren Hauptanliegen es sei, einen zur Hygiene zu erziehen. Jaja, dachte ich, nur nicht übertreiben, so schlimm wird es schon nicht sein, mit denen werde ich schon fertig. Nach zwei Wochen war ich eines Besseren belehrt: Die Viecher verzeihen nicht die geringste Nachlässigkeit, und wenn es immer heißt, wir hätten die Erde nur von unseren Kindern geliehen, kann ich nur entgegnen, nö, wir haben sie eigentlich von den Ameisen geborgt. Die waren vor uns da und werden nach uns da sein, und in der Zwischenzeit betrachten sie uns als eigentümliche Lebensformen, die nur geduldet werden, weil sie durch ihre lasche Organisation sie mit allem versorgen, was sie brauchen. Am ersten Abend hatte ich die Küche zum Ausweis meiner Reinlichkeit besonders gründlich gesäubert, am anderen Morgen verlief eine Ameisenstraße vom Waschbecken zu einer nicht ordnungsgemäß verschlossenen Tüte mit Chips. Die Zuckerdose war indes verschont geblieben. Seltsamer Geschmack. Fortan wurde also alles Knabberzeugs fest verschlossen, aber die Ameisen fanden immer neue Lücken im Verteidigungssystem. Doch nicht immer war ihre Botschaft eindeutig. Als wir ein Huhn auf dem Herd stehen hatten, blieben sie fern, als wir jedoch die Reste unvorsichtigerweise in den Mülleimer warfen, bildete sich eine achtspurige Ameisenautobahn quer über die Küchenwände, auf der größere Stücke Hühnerfleisch senkrecht abtransportiert wurden. Kein schöner Anblick. Der Versuch, ihnen das Fleisch zu entwenden, stieß auf wenig Gegenliebe. Man weiß ja auch so wenig über Ameisen. Dass man den Gegenstand ihrer Begierde entfernt hat, spricht sich bei ihnen ja doch nur sehr zögerlich herum. Die Autobahnen bleiben erst mal trotzdem bestehen. Warum? Glauben sie, dass wo einmal was zu futtern war, auch wieder was sein wird? Bei einem Mülleimer zugegebenermaßen keine ganz unrealistische Hoffnung. Und vielleicht ist das nur ihre Art, uns mitzuteilen, dass sie Hunger haben. Irgendwann war mir klar, dass man ihnen immer irgendein Opfer darbringen muss. Denn wenn die Küche erst mal vollkommen sauber ist, machen sie sich aller Wahrscheinlichkeit nach nächtens über das nächstbeste Nahrhafte her, was sie finden: mich!

Über Architekten und Lego

Meine Frau sagt: »Venedig, herrlich!« Ich sage: Herrlich, stimmt. Jedes Jahr im September hier zehn Tage ins Kino gehen und darüber schreiben – das kann man ja fast nicht Arbeit nennen. Sagt sie. Ich würde das dann vielleicht doch Arbeit nennen, würde aber auch mit niemandem tauschen wollen. Das war in Venedig allerdings nicht immer so. Es gab einen Abend, an dem ich zum Arbeiten in Venedig war und definitiv mit so ungefähr jedem getauscht hätte. Von vorne: Ich hatte mal für ein Magazin die Idee, man könnte doch bekannte Architekten bitten, mit einem einfachen Lego-Grundbaukasten zu zeigen, was ihnen dazu einfällt. Die Architektur damals sah ohnehin so aus, als hätten die meisten Architekten in ihrer Kindheit zu viel Lego gespielt – da könnten sie jetzt unter gleichen Voraussetzungen sozusagen gegeneinander antreten. Gute Idee, fand der Redakteur, ich solle mal machen. Ich verschickte also die Baukästen an diverse Architekten, doch der Rücklauf war bescheiden. Die meisten antworteten noch nicht einmal, sondern verschenkten die Kästen wahrscheinlich gleich an ihre Kinder und Enkel. (Oder planten damit heimlich ihre nächsten Projekte.) Dem Redakteur sagte ich, er könne die Geschichte vergessen. Der hatte aber Feuer gefangen und rief ein paar Tage später an, morgen eröffne die Architektur-Biennale in Venedig, es gebe da einen Professor, der jede Menge Architekten kenne und mich mit ihnen bekannt machen könne. Der Mann sei schon verständigt, ich solle einfach zum Empfang auf der Giudecca kommen, alles Weitere regle sich vor Ort. (Dies war wohlgemerkt vor der Erfindung des Handys.) Morgen, das hieß: sauteurer Flug nach Venedig, noch teureres Zimmer im Gabrieli mit Blick auf die

Lagune, die Sache musste einfach klappen. Ich kaufte also einen Lego-Pappkoffer mit Plastikhenkel, stieg ins Flugzeug, fuhr mit dem Boot zur Giudecca und kam gerade rechtzeitig zum Empfang, zu dem ich keine Einladung hatte. Kein Problem hatte es geheißen, ich solle einfach nach dem Professor fragen. Ich fragte am Eingang also die Italiener: Professore wie? Nie gehört. Bitte machen Sie den Eingang frei. Da stand ich also mit meinem Legoköfferchen auf der schmalen Strandpromenade vor dem Eingang, während schick gekleidete Menschen an mir vorbei ins Innere strömten. Als sie Stunden später wieder rauskamen und mich sahen, steckten sie die Köpfe zusammen und lachten herzlich. Ich war der Idiot mit dem Legokoffer. Gelegentlich fragte ich Leute, die etwas mehr Mitleid zeigten, ob sie den Professor kennen oder ihn gesehen hätten. Manche kannten ihn sogar, gesehen hatte ihn keiner. Als sich der Empfang wieder geleert hatte, gab ich auf, bestieg das Boot, fuhr mit meinem Köfferchen ins Hotel und malte mir mit Blick auf die Lagune aus, wie der Redakteur wohl darauf reagieren wird, wenn er erfährt, dass das ganze Geld für die Reise zum Fenster hinausgeworfen war. Ich hatte gute Lust, den Koffer in hohem Bogen in der Lagune zu versenken.

Am nächsten Tag traf ich den Professor dann doch noch. Er war gar nicht auf dem Empfang gewesen, ihm sei etwas dazwischengekommen. Und Architekten kannte er dann eigentlich auch keine. Seither weiß ich, dass Venedig verdammt trostlos sein kann.

Italia

In Venedig gewesen. Mich dabei ertappt, dass ich irgendwann angefangen habe, einfach Englisch zu reden. Sich nicht länger rumquälen beim Versuch, in einer Sprache zu reden, die man nie gelernt hat. Das geht natürlich eigentlich überhaupt nicht. Da unterscheidet man sich ja durch nichts mehr von den Amerikanern, die so gern für ihre mangelnde Weltläufigkeit gehasst werden. Richtig. Ist mir aber wurscht. Denn in der Regel kann man sich in einer Fremdsprache noch so abmühen, der Kellner antwortet ohnehin auf Englisch. Wenn man etwa um eine »molino di pepe« bittet, heißt es: »Ah, you want pepper mill.« Meine Frau hat sich deswegen angewöhnt, nur noch die entsprechende Drehbewegung mit beiden Händen nachzuahmen, und kriegt auch, was sie will, ohne für ihre Defizite in der Aussprache gedemütigt zu werden. Andererseits, was zum Teufel kann man an »molino di pepe« falsch aussprechen. Die Typen machen das mit Absicht, sie haben eben durchschaut, dass mein Pseudoitalienisch nicht echt ist. Dabei tut der Deutsche ja gern so, als sei er in Italien und eigentlich auch im Italienischen zu Hause. Bekanntlich freut sich jede Münchnerin, wenn sie zu ihrem Luigi an der Espressobar beim Bezahlen sagen kann: »Mach'ma dodici, Luigi«. Und weil Luigi weiß, was Münchnerinnen mögen, gibt er brav auf zwölf Euro raus statt sich an die Stirn zu tippen. Ich jedenfalls mache auch nicht mehr dodici, sage mich von der Toskanafraktion los und verleugne auch jahrelange Jesolo-Urlaube. Ab jetzt wird gnadenlos Englisch geredet, und zwar überall. Könnte natürlich sein, dass ich einfach ein Sprachdepp bin. Sehr wahrscheinlich sogar. Wir haben nämlich unsere Tochter auf die französische Schule geschickt, damit sie wenigstens irgendwas lernt auf dem Gymnasium. Ich hatte die starke Hoffnung, dass irgendwas davon auf mich abfärbt. Mein Französisch war damals das, was man ganz passabel nennen würde. Ergebnis: Die Tochter hat heute Baccalauréat und spricht fließend Französisch, während ich in Paris mittlerweile kaum noch in der Lage bin, einen Kaffee in der Landessprache zu bestellen. Psychologisch ein interessantes Phänomen, dem ich lieber nicht auf den Grund gehen möchte. Dass das mit dem Abfärben nicht so richtig funktioniert, sieht man ja auch an jedem New Yorker Taxifahrer. Deren Wortschatz besteht schätzungsweise aus nicht mehr als zwanzig englischen Vokabeln, das hindert sie aber merkwürdigerweise nicht daran, eifrig Konversation zu machen. Wahrscheinlich werde ich auch irgendwann dem Englischen entsagen und nur noch Deutsch reden. Oder gar nicht. Why not.

Über die deutsche Sprache

Die S-Bahn hielt am Münchner Hauptbahnhof, wo man erfahrungsgemäß rechts aussteigt, aber die Durchsage gab den freundlichen Hinweis: »Reisende mit Mobilitätseinschränkungen steigen bitte links aus.« Ich musste einen Moment nachdenken, was das eigentlich bedeutet, um sicherzugehen, dass nicht ich womöglich damit gemeint bin. Ich bin im Prinzip nicht blöd, aber in meinem sekundenbruchteillangen Stutzen wurde mir gleichzeitig bewusst, zu welchen sprachlichen Krüppeln uns das allgegenwärtige Ringen um Korrektheit gemacht hat. Mir ist schon klar, warum sich keiner gern als Behinderter bezeichnen lassen will. Aber wo steht denn bitte geschrieben, dass man deshalb solche Wortungetüme bilden muss? Und schon gar nicht bin ich sicher, dass sich dadurch irgendwer besser fühlt, auch wenn der Sprachgebrauch auf Webseiten für Menschen mit Mobilitätseinschränkungen freudig übernommen wurde. Ich sage: Schwachsinn! Wer legt denn bitte fest, dass die automatische Ansage nicht sagen kann: »Wer sich mit dem Aussteigen schwertut, benutzt bitte die linke Seite.« Oder: »Wer einen Fahrstuhl benötigt, steigt bitte links aus.« Klingt netter, ist natürlicher und versteht jeder, ohne mit der Nase in jenen Sprachkot gestoßen zu werden, den sich irgendeine Gleichschaltungsbehörde – oder wie die heißen – ausgedacht hat. Aber vielleicht bin ich ja nur ein Schreibender mit Artikulationseinschränkungen, der irgendwas falsch verstanden hat.

Womit wir gleich beim nächsten Unfug wären, den zu benennen mir fast ein wenig Unbehagen bereitet. Denn ich habe an und für sich keine Probleme mit Anglizismen. Mir ist die Aufregung darüber suspekt, und ich halte die englische Sprache ganz generell in ihrer Flexibilität, wenn es darum geht, komplizierte Sachverhalte zu vereinfachen, vielleicht nicht für vorbildlich, aber für ziemlich verführerisch. Und trotzdem – es muss gesagt werden – ging es mir in den vergangenen Wochen zunehmend auf den Wecker, wie alle stets von »public viewing« sprachen. Und gerade der Umstand, dass viele das mit hinzugedachten Anführungs- oder geradezu Ironiezeichen benutzten – mich selbst mit eingeschlossen –, ließ die Sache umso absurder erscheinen. Jeder weiß, was gemeint ist, aber man kann nicht behaupten, dass der Ausdruck irgendjemandem wirklich leicht von den Lippen geht. Ok, die Übersetzung Öffentliches Sichten ist keine Alternative. Gemeinsames Fernsehen? Fernsehen für alle? Zusammen-Sehen? Mengen-TV? Rudelgucken? Ich bin auch unsicher, was besser wäre, aber warum sollte der englische Ausdruck die Sache genauer treffen als irgendein deutscher? Da schau ich Fußball lieber zu Hause, da bin ich wenigstens kein Sehender mit Platzeinschränkungen.

Über Japaner

Gerne macht man sich ja lustig über Japaner, die sich in Reisegruppen in einer Woche durch Europa schleusen lassen, gestern Amsterdam, heute Heidelberg, morgen Venedig, und dabei alles in Grund und Boden fotografieren, was ihnen vor die Linse läuft.

Ich verstehe Japaner. Ich bin genauso. War gerade drei Tage in Seoul, habe nicht die einfachsten Begrüßungsformeln zustande gebracht, weil ich sie mir nicht merken konnte, habe mindestens so verständnislos gegafft wie die Japaner in Europa und dabei wie der Teufel fotografiert, damit nicht nur alle anderen hinterher glauben, dass ich wirklich da war, sondern vor allem ich selbst. Mal ganz ehrlich: Was soll man in drei Tagen denn auch groß erleben, was sich nicht durch die aufmerksame Lektüre eines ordentlichen Reiseführers auch erlesen ließe? Wer den auswendig lernt, könnte mich locker als Hochstapler entlarven: Was, Sie waren in Seoul und haben nicht im Changdeokgung-Palast das Flüsschen Ongnyucheon gesehen, das über einen flachen Felsen fließt, auf dem der König und die Seinen ihre Weinschalen im Wasser haben treiben lassen, während sie Gedichte schrieben? Doch, ich war dort, aber die Information über Felsen, Weinschalen und Gedichte habe ich aus dem Faltblatt, das dort am Eingang verteilt wurde – die Führung führte jedoch irgendwie nicht daran vorbei.

Und natürlich ist auf meinen hundert Fotos aus dem Changdeokgung-Palast auch sonst nichts drauf, was man nicht hätte nachlesen können – außer vielleicht die mit einem Sonnenschirmchen ausgestattete Fremdenführerin, die dauernd in ein Mikro sprach, das ihre Stimme über einen kleinen umgehängten Lautsprecher verstärkte, was in kuriosem Gegensatz zu ihrem traditionellen Gewand stand. Aber das sind natürlich zugegebenermaßen keine Informationen, die von besonders tiefer Durchdringung der koreanischen Kultur künden.

Was jedoch nicht im Reiseführer stand, sind eigentlich nur zwei Sachen: Erstens, dass Seoul etwa zur Hälfte aus Coffeeshops jeder Couleur besteht. Die Koreaner sind offenbar süchtig nach Frappuccino und wie das Zeug sonst noch heißt. Unsere Führerin hat sich alle naslang entschuldigt und kam mit einer Latte to go zurück. Hätte man nicht gedacht, gell?

Und zweitens ist Korea das einzige Land, in dem der Türschließknopf im Lift auch tatsächlich funktioniert. Im Westen sind die Dinger ja bekanntlich nur dazu da, die Fahrgäste zu beruhigen, sie seien Herr über ihr Schicksal, während sie in Wahrheit keinerlei Wirkung haben – in Korea hingegen drückt man, und die Fahrstuhltür schließt sich sofort. Fantastisch. Davon habe ich in keinem Reiseführer gelesen. Das ist also wirklich die einzige Information, mit der ich den Beweis antreten könnte, dass ich da war.

Ach ja, und drittens habe ich mir bei der Rückkehr am Frankfurter Flughafen einen Espresso bestellt und bekam zur Erwiderung gleich wieder diesen Ausdruck, als sei meine Bestellung eigentlich eine Zumutung. Das kann einem in Korea nicht passieren. Aber die ausgesuchte Freundlichkeit der Asiaten ist ja andererseits auch wieder nur so eine Reiseführerweisheit.

Über Designhotels

Vor Kurzem war ich in einem designbewussten Hotel untergebracht. Wenn man Pech hat, bedeutet das, dass sich Bett und Kloschüssel nur durch eine hüfthohe Rauchglasscheibe getrennt im selben Raum befinden. Ganz so schlimm war es nicht. Aber man wurde im Foyer von Glassäulen begrüßt, in denen in blauem Licht Fische auf und nieder schwammen und den ebenfalls blau bestrahlten Gästen mit herzlichem Desinteresse begegneten. Man fragt sich ja, ob Fische den Unterschied überhaupt bemerken, ob vor ihrer Scheibe aufgeregt Hotelgäste herumlaufen oder Kinder sich die Nase plattdrücken oder eine Katze nach ihnen schnappt. Nehmen wir mal an, sie kamen nicht in Gefangenschaft zur Welt, sondern hatten es sich in einem Flüsschen gemütlich gemacht und wurden in der Blüte ihres Lebens aus der Familienplanung gerissen und in eine Zoohandlung verfrachtet. Dass sie darüber womöglich nicht übermäßig glücklich sind, darf man vermuten, aber anmerken tut man es ihnen nicht. Wenn man da mal darüber nachdenkt, könnte man wahnsinnig werden. Gelegentlich liest man doch von Rekordfängen in irgendwelchen französischen Flüssen, wo es dann immer heißt, die meterlangen Fische seien siebzig, achtzig Jahre alt gewesen. Das muss man sich mal vorstellen: vor dem Krieg geboren, Tausende von Kilometern unterwegs gewesen, zahllosen Anglern, Schiffsschrauben und anderen Feinden entgangen – aber wollen nichts mitgekriegt haben von alldem, was im zwanzigsten Jahrhundert so los war. Das kann mir doch keiner weismachen. Was ist das denn für ein Leben?

Ich weiß schon, warum ich nie ein Aquarium wollte, denn dieser Stumpfsinn, in dem man zwangsläufig einen dauernden stummen Vorwurf sehen muss, ist eigentlich nicht auszuhalten. Ich hatte allerdings in Kindertagen einen für diese Fragen weniger sensiblen Nachbarn, auf dessen Aquarium ich in den Ferien aufpassen sollte. Wie das mit Kindern aber so ist, haben sie alles Mögliche im Kopf, aber wenig Sinn für Pflichten. Ich hatte also ein paar Tage das Füttern vergessen und weil ich ein schlechtes Gewissen hatte, hielt ich es für eine gute Idee, die Fische für den Ausfall zu kompensieren, indem ich ihnen die vielfache Menge Futter ins Wasser schüttete. Dass die Fische darauf mit dem üblichen Gleichmut reagierten, enttäuschte mich ein bisschen, aber ich war vor allem froh, dass sie überhaupt noch am Leben waren. Als ich das nächste Mal kam, hatte allerdings das viele Futter die Pumpe verstopft. Darauf reagierten die Fische nicht ganz so gleichmütig – sie waren nämlich tot. Man kann sagen, dass diese Angelegenheit die Freundschaft zum Nachbarn ein wenig belastet hat. Und womöglich mein Verhältnis zu Fischen.

Dass das designbewusste Hotel auch in den Zimmern unterm Bett und unter der gläsernen Schreibtischplatte dasselbe blaue Aquariumslicht angebracht hatte, führte jedenfalls sofort dazu, dass mich derselbe Stumpfsinn überkam wie die Fische.

Über Vulkane

Gestern bin ich in ein Flugzeug gestiegen. Es ist ordnungsgemäß gestartet, ich bin gewohnheitsmäßig noch vor dem Abheben eingeschlafen, und wir sind erwartungsgemäß zwanzig Minuten später gelandet als vorgesehen. Ich muss aber zugeben, dass mich die Gesetzmäßigkeit des Vorgangs fast ein wenig enttäuscht hat. Kein Chaos, noch nicht einmal angespannte Gesichter, sondern einfach nur business as usual. Man könnte sagen, dass Fliegen das Leben ja gelegentlich auch enorm erleichtert, und welches Wunder es eigentlich darstellt, hat man damals, als auf Island ein Vulkan ausbrach, auch hinreichend vorgeführt bekommen. Und doch kann ich nicht leugnen, dass ich fast ein wenig enttäuscht war, dass der Vulkan so schnell schon wieder aufgegeben hat. Das ist jetzt natürlich nicht nett, so etwas zu sagen, es ist von mir aus sogar grenzenlos dumm. Ich habe Freunde, die eine lange geplante und ersehnte Australienreise auf unabsehbare Zeit verschieben mussten, und von den Milliardenausfällen hat sicher auch niemand etwas. Und doch schlummert in manchen von uns eine Art Ich-weiß-nicht-Was, vielleicht Niedertracht oder Katastrophenvoyeurismus, der plötzlich gar nicht genug kriegen kann. Was wäre denn, wenn der Vulkan, dessen Name allen in kürzester Zeit so locker von den Lippen ging, als hätten sie immer schon Isländisch studiert, und den zu merken ich mich deswegen weigere, was wäre, wenn der nicht aufgehört, sondern weiter Asche gespuckt hätte, Wochen, Monate, bis auch die letzte verlogene »Wir fliegen sie überall hin für 19 Euro«-Werbung von den Bussen verschwunden wäre? Wenn fliegen auf absehbare Zeit keine Option mehr gewesen und Australien und Amerika plötzlich so weit entfernt gewesen wären, wie sie es auch wirklich sind? Wenn man Wochen auf dem Schiff hätte zubringen müssen, um dorthin zu gelangen, und man neidisch auf Kontinente geblickt hätte, in denen Fliegen noch möglich ist. Wirtschaftlich wäre das wahrscheinlich kein Vergnügen gewesen, aber menschlich doch ein irgendwie interessantes Szenario. Man merkte ja schon, wie eine große Ruhe und Schicksalsergebenheit sich über alle senkte und wie auch Leute, die 38 Stunden im Bus zugebracht hatten, davon mit einer gewissen Befriedigung erzählten, als habe endlich mal der Aufwand im Verhältnis zur Entfernung gestanden. Ich will jetzt nicht der Postkutsche das Wort reden, aber irgendwie schien ganz vielen plötzlich klar zu werden, was für eine verdammt unrealistische Angelegenheit das eigentlich ist, zu Hunderten in geflügelten Metallröhren in unwürdiger Sitzhaltung über Strecken transportiert zu werden, bei denen sie noch nicht einmal sicher sein können, ob ihnen ihre Seele so schnell folgen kann. Senkju for travelling with Deutsche Bahn.

Ohne Internet

Meine Frau sagt: »Das ist das letzte große Abenteuer des modernen Menschen. Das machen wir im Urlaub!« Als sie das letzte Mal so was sagte, gingen wir Kajakfahren auf einem gemächlichen südfranzösischen Flüsschen, und das Abenteuer bestand eigentlich nur darin, dass man dabei zu Badehosen und Turnschuhen große neonfarbige Schwimmwesten tragen musste und aussah wie ein Schwimmvogel im Balzgefieder, weswegen auf dem Weg vom Bootsverleih zur Einstiegsstelle kleine Kinder mitleidig mit dem Finger auf einen zeigten. Womöglich ist meine Erinnerung an diesen Ausflug auch deswegen getrübt, weil ich zu meinem Verdruss feststellen musste, dass ich zu blöd zum Paddeln bin. Schon nach kürzester Zeit waren wir weit hinter den anderen, und mein Sohn versuchte von hinten, mir Anweisungen zu geben. Ich quittierte das mit der Bemerkung, wahrscheinlich sei ich zu schwer für vorne und wir sollten den Platz tauschen. Wir taten es – und fielen noch weiter zurück. Womit wir zum »letzten großen Abenteuer des modernen Menschen« kämen. Es geht dabei nämlich keineswegs darum, reißendere Flüsse zu bepaddeln, im Neonkostüm steile Wände zu besteigen oder in Berlin zu versuchen, in einem beliebigen Laden Geld für den Parkautomaten zu wechseln – sondern darum, im Urlaub aufs Internet zu verzichten. Drei Wochen lang keine Mails checken, nichts auf Facebook schreiben, auch nicht mal kurz etwas nachsehen. Sie nicht, ich nicht, die Kinder nicht. Das sei wichtig. Sagt sie. Man müsse erleben, dass es auch ohne geht. Mir ist schleierhaft, wie das gehen soll. Bei mir geht eigentlich gar nichts mehr ohne Internet. Nicht nur, dass ich dauernd Filmtitel nachschlagen oder Wikipedia befragen muss, selbst einfachste Redewendungen kriege ich kaum mehr hin, ohne mich im Netz zu versichern, wie sie richtig heißen. Gelegentlich beschleicht mich zwar auch der Verdacht, das könne nicht ganz gesund sein, dass ich mein Hirn fast vollständig ins Netz ausgelagert habe, aber ich kann gar nicht mehr anders. Ich würde schon sehen, sagt meine Frau: Sonne, Wasser, Natur, gute Bücher, viele Gespräche, das werde mir den Kopf schon wieder zurechtrücken. Mein Einwand, dass ich all das für tendenziell überschätzt halte, wird als nicht sachdienlich abgetan. Was das bitte mit Urlaub zu tun habe, frage ich, wenn einem nicht mal die einfachsten Vergnügungen gegönnt werden? Ich könne ja zu Hause bleiben, heißt es. Endlich mal ein Satz, denke ich, den ich hören will. Aber nicht mit mir. Wenn also ein mannsgroßer neonfarbiger Schwimmvogel an die Tür ihres Feriendomizils klopft und nach dem WLAN-Kennwort fragt, seien Sie unbesorgt: Ich will nur heimlich surfen.

Über das Zugfahren

Zug gefahren, aus dem Fenster geguckt. Ich packe zwar vor längeren Zugfahrten stets eine kleine Auswahl von Büchern ein, mit denen man wahrscheinlich die Gemeindebücherei einer deutschen Kleinstadt bestücken könnte, komme am Ziel aber in der Regel mit meiner Leihbibliothek ungelesener Bücher an, ohne einen Blick hineingeworfen zu haben. Denn ich sehe gerne aus Zugfenstern. Ich kann nicht anders. Ich habe es auch schon mit einem Computer versucht, um mich mit Filmegucken abzulenken, fand aber den Film vor dem Zugfenster viel spannender.

Drei Sachen fallen einem dabei auf: Erstens ist Deutschland ein bemerkenswert hübsches Land – weshalb ich mir regelmäßig vornehme, im Urlaub mal nicht nach Frankreich oder Italien, sondern nach Thüringen oder so zu fahren. Aber da hat meine Familie was dagegen.

Zweitens gibt es in diesem Land unfassbar viele Hausbesitzer – und all die Häuser, die man da überall sieht, sind wahrscheinlich wegen des Zuglärms preisgünstig zu haben. Ich frage mich, ob man das nicht auch anstreben sollte, um sich dann, weil es auf dem Land vermutlich nicht viel Zeitvertreib gibt, ganz dem Hobby des Hausbesitzens hinzugeben. Ich schätze mal, dass man da ziemlich beschäftigt ist. Von irgendwem müssen all die Baumärkte und Gartencenter ja leben. Ich wäre bereit: Dach ausbessern, Holzschutzmittel aufstreichen, Schneckenkorn auslegen. Aber ich fürchte, auch da macht meine Familie nicht mit.

Und drittens sieht man immer so wunderliche Sachen. Auf der Strecke von Frankfurt nach Erfurt tauchte vor Fulda etwa ein komplett weißer Hügel auf, als wäre er aus dem All dort abgesetzt worden. Fantastisch! Also habe ich das Ding nach meiner Rückkehr gegoogelt und herausgefunden, dass es sich dabei um das Kalibergwerk Neuhof-Ellers handelt, dass die Abraumhalde aus 96 Millionen Tonnen Kochsalz und Gips besteht und 120 Meter hoch ist – und dass sie 1926/27 auf Betreiben von August Rosterg, dem seinerzeitigen Generaldirektor der Wintershall AG stillgelegt worden war, ehe sie 1954 wieder in Betrieb genommen wurde.

Und dann klickt man sich so weiter und stellt fest, dass jener August Rosterg ein westfälischer Bergarbeitersohn war, der sich nach ganz oben hochgebuddelt hat – und zum Keppler-Kreis gehörte, einem Industriellenklub, der Hitler unterstützte und nach der Machtergreifung zum »Freundeskreis Reichsführer SS« umbenannt wurde, der Heinrich Himmler jährlich eine Million Reichmark spendete. 1944 ist Rosterg nach Schweden gegangen und dort ein Jahr später 75-jährig gestorben.

In Neuhof und Heringen sind Straßen nach ihm benannt, und der 1957 errichtete Kasseler Hauptsitz der BASF-Tochter Wintershall heißt noch heute August-Rosterg-Haus …

Wirklich ein hübsches Land.

Da soll noch einer sagen, aus dem Fenster zu gucken sei langweilig.

Über das Schlangestehen

Es gibt nichts Schlimmeres im Kino, als den Anfang des Films zu verpassen. Vor die Wahl gestellt, würde ich lieber den Schluss als den Anfang opfern, obwohl es zweifellos einige Filme gibt, bei denen man ohne das Ende nicht so richtig auf seine Kosten kommen würde. Bei »Sixth Sense« etwa wäre es dem Verständnis des Films nicht wirklich förderlich, wenn man gehen würde, ehe klar wird, dass Bruce Willis in Wahrheit tot ist. Egal. Wenn sich herausstellt, dass ein Film schon angefangen hat, gehe ich nicht rein. Das ist natürlich schon deswegen komplett irrational, weil man im Fernsehen dauernd in irgendwelche Filme mitten reinplatzt, sie bis zu Ende sieht und oft den Anfang gar nicht vermisst. Kino hingegen ist ohne jenes Ritual, wo es ganz dunkel wird, der Vorhang aufgeht, die Leinwand zum Leben erwacht und einen Moment lang alles, wirklich alles möglich ist, ohne jenes bange Knistern der Vorfreude einfach nicht dasselbe. Und weil das so ist, gibt es nichts Verdrießlicheres, als gehetzt im Kino anzukommen, wenn man weiß, dass man etwas zu spät ist. Und in einer Schlange zu landen, die sich in kürzester Zeit natürlich als Problemschlange entpuppt. Man macht sich keine Vorstellungen, welches Talent manche Leute entwickeln, wenn es darum geht, den an sich einfachen Vorgang des Eintrittskartenerwerbs zu verkomplizieren. Mir unbegreiflich, was es da zu diskutieren gibt, aber manche Menschen verwenden darauf in solchen Momenten eine Sorgfalt, als gehe es um ihren Rentenbescheid. Dieselben Leute tauchen übrigens in Form von Problempassagieren auf, wenn man beim Check-in in der Schlange steht und droht, sein Flugzeug zu verpassen: Die haben dann Übergepäck oder haben falsch gebucht und sprechen keine der Sprachen, mit denen man sich an Flugschaltern gemeinhin verständlich machen kann. Ich nehme an, dass es nicht für meinen Charakter spricht, dass ich in solchen Momenten alles persönlich nehme. Dabei gibt es vermutlich nichts Lächerlicheres als einen erwachsenen Mann, der irgendwo in einer Schlange steht und alle dreißig Sekunden aufstöhnt und mit den Augen rollt. Aber deswegen geht man ja auch ins Kino: um den eigenen Unzulänglichkeiten endlich mal entfliehen zu können.

Über Bikinistreifen

Wenn ein Film namens »The Good German« bei uns anläuft, dann heißt er auf gut Deutsch »The Good German«, weil man ja nicht ernsthaft einen Film mit George Clooney und Cate Blanchett unter dem Titel »Der gute Deutsche« ins Kino bringen kann. Früher hätte man so was »Finale in Berlin« genannt, aber damals musste man auch noch nicht befürchten, dass sich so schnell herumspricht, dass ein Film nicht hält, was er verspricht, weil noch nicht erfunden war, was heute die Welt zusammenhält. Man war auf teure Ferngespräche angewiesen, und selbst in Zeitungsredaktionen musste man vor Fernschreibern auf Nachrichten warten, die heute in Echtzeit um die Welt reisen. Und wenn Manuskripte schnell irgendwo ankommen mussten, dann ging man nachts noch zum Bahnsteig, wo man seinen Brief einem Mann im Postwaggon aushändigte. Klingt wie nach dem Krieg, aber das war in den achtziger Jahren. Daran zu erinnern, ist also fast schon unappetitlich.

Habe aber gerade einen italienischen Thriller aus den Siebzigern auf DVD gesehen, in dem die Telefone noch Wählscheiben hatten – und die Frauen Bikinistreifen. Das ist immerhin ein sehr hübsches Wort, das völlig aus der Mode gekommen ist, weil sich heutzutage jeder ganzkörperbräunen lässt, um zu signalisieren, dass man sich a) Reisen in ganzkörperbräunende Länder jederzeit leisten kann und b) dem Paarungsverhalten keine unnützen Hemmungen entgegenstehen. Ändert aber nichts daran, dass in Zeiten der Vollbräune auf einmal der Bikinistreifen von einer Vertraulichkeit kündet, die nicht für jeden zu haben ist, während die streifenlose Bräune immer nur auf Solarien verweist. Also an all die ostdeutschen Klein- und Mittelstädte, deren Hauptstraßen von unterbelichteten Bräunungscentern gesäumt werden: Die Wahrheit ist, dass dem Bikinistreifen nicht nur die Vergangenheit, sondern vor allem die Zukunft gehört. Und sei es nur, weil es so ein tolles Wort ist, das von einem Sommer erzählt, der einen Unterschied macht zwischen dem, was um die Ecke im Solarium zum Sonderpreis zu haben ist, und jener Intimität, die nur ein Bikini verbergen kann.

Meine Kinder sagen …

»Stolz ist, wenn die Eltern weinen«

Ich: He, Kinder, kommt mal her, ich muss mit euch reden.

Artur (2 Jahre alt): Mama?

Ich: Nein, nicht Mama. Daddy.

Artur: Mama.

Ich: Nein. Mama ist weg.

Artur: Mama beck. Atau.

Ich: Ja, mit dem Auto. He, Teresa, schalt mal den Fernseher aus und komm her.

Teresa (7 Jahre alt): …

Ich: Bitte.

Teresa: …

Ich: Schalt mal die Scheißglotze aus!

Teresa: Was denn?

Ich: Ich will mal mit dir reden.

Teresa: Aber dann darf ich wieder fernsehen.

Ich: Jetzt komm bitte erst mal her.

Artur: Mama beck atau.

Ich: Ja. Mit dem Auto weg. Teresa, ich möchte dich mal was fragen: Weißt du was Stolz ist?

Teresa: Ja.

Ich: Gut. Glaubst du, dass ich stolz auf euch bin?

Teresa: Warum willst du das wissen?

Ich: Weil ich was schreiben soll darüber, warum Eltern stolz auf ihre Kinder sind.

Teresa: Warum?

Ich: Weil die ein Heft machen für die Weihnachtszeit, in dem lauter schöne Sachen drinstehen sollen, damit die Leute, die das lesen, wissen, dass jetzt Weihnachten ist, und sich freuen.

Teresa: Wie lange ist es noch bis Weihnachten?

Ich: Einen Monat.

Teresa: Wie viel Tage?

Ich: Vierunddreißig ungefähr.

Teresa: Warum so lange noch?

Ich: Weil. Ich will aber jetzt nicht über Weihnachten reden, sondern über Stolz.

Teresa: Was ist Stolz?

Ich: Ich denk, du weißt es.

Teresa: Weiß ich auch. Trotzdem.

Ich: Ich will es aber von dir wissen.

Teresa: Du zuerst.

Ich: Also gut, Stolz ist, äh, stolz ist, wenn Mama und Daddy ihre Kinder anschauen und beinah Tränen in die Augen kriegen und nicht wissen, warum.

Artur: Mama beck?

Ich: Ja. Mama ist weg. Mit dem Atau.

Teresa: Darf ich jetzt wieder fernsehen?

Ich: Jetzt nicht. Sag mir erst, was Stolz ist.

Teresa: Wenn die Eltern weinen.

Ich: Nein. Sie weinen ja nicht, sie freuen sich.

Teresa: Warum weinen sie dann?

Ich: Das weiß ich ja auch nicht. Ich dachte, du weißt es vielleicht, dann könnte ich jetzt was schreiben.

TERESA: Ich sag dir, was du schreiben sollst. Und dann darf ich es lesen.

ICH: Okay.

TERESA: Du musst schreiben, dass die Eltern sich freuen, weil die Kinder da sind. Weil wenn sie nicht da sind, dann können sie sich nicht freuen. Dann müssen sie weinen. Schreibst du das jetzt?

ICH: Ja. Aber ich brauch noch mehr.

TERESA: Warum?

ICH: Weil ich sonst kein Geld kriege.

TERESA: Kriegst du mehr als hundert Mark?

ICH: Wenn mir nicht noch was einfällt, dann nicht.

TERESA: Dann kann ich jetzt wieder fernsehen.

ICH: Moment noch. Sag doch noch mal: Glaubst du, dass Eltern nur stolz auf ihre Kinder sind, wenn sie brav und lieb und gut in der Schule sind?

TERESA: Nein, manchmal sind sie auch stolz, wenn die Kinder stinken und faul sind und nur Blödsinn machen.

ICH: Aber nur sehr manchmal.

TERESA: Doch. Bei den Olchis. Da finden die Eltern es gut, wenn sich die Kinder nicht waschen. Die Eltern stinken nämlich selber auch.

ICH: Aber wir stinken nicht, und die Olchis gibt es nur im Buch.

TERESA: Aber Artur stinkt.

ICH: Was, schon wieder? Er ist doch grad erst gewickelt worden.

TERESA: Artur ist ein Olchi.

ICH: Artur, hast du in die Hose gemacht?

ARTUR: Nein.

ICH: Ich glaub aber doch.

ARTUR: Mama?

Teresa: Bist du jetzt stolz auf Artur?

Ich: Ja. Nein. Doch. Also vielleicht jetzt gerade nicht, aber irgendwie schon. Also, man ist immer stolz auf seine Kinder, auch wenn man es nicht immer weiß.

Teresa: Warum weißt du das nicht immer?

Ich: Manchmal vergisst man es eben, weil man zu viel zu tun hat oder schlechter Laune ist. Oder weil die Kinder stinken, aber man keine Lust hat, die Windeln zu wechseln. Aber eigentlich ist man immer stolz auf Kinder.

Teresa: Bist du stolz auf mich?

Ich: Ja. Auf dich bin ich besonders stolz.

Teresa: Darf ich jetzt wieder fernsehen.

Ich: Wart mal. Willst du nicht wissen, warum?

Teresa: Warum?

Ich: Weil du so bist, wie du bist. Und wir stehen daneben und denken, dass wir eigentlich gar nicht richtig wissen, wie das geht mit dem Elternsein, und dass du aber trotzdem laufen gelernt hast und sprechen und alles andere auch. Also wenn zum Beispiel ein Schreiner so wenig übers Schreinern wüsste wie Eltern übers Elternsein, dann würde er nie einen Tisch zustande bringen. Aber aus dir ist trotzdem eine Teresa geworden. Darum sind wir stolz. Verstehst du das?

Teresa: Aber auch weil aus Artur ein Artur geworden ist.

Ich: Genau. Weil er in der Kindergruppe, immer wenn er ein Flugzeug sieht, Daddy sagt. Weil die Mama ihm mal erklärt hat, dass ich mit dem Flugzeug weggeflogen bin. Und dann haben alle geglaubt, ich sei Pilot.

Teresa: Aber du bist doch gar kein Pilot.

Ich: Eben. Hat er sich halt so ausgedacht, dass sein Vater Pilot ist. Stimmt zwar nicht, aber das hat er sich in seinem kleinen Kopf ganz allein so zurechtgezimmert. Da bin ich auch stolz drauf.

ARTUR: Mama?

ICH: Außerdem kann er jede Menge sinnlose und ziemlich komplizierte Worte wie Elch und Affe sagen, die er später fast nie braucht, aber er weigert sich, Ja zu sagen. Sagt immer nur Nein.

ARTUR: Nein.

ICH: Wenn er Ja sagen soll, dann nickt er immer nur mit dem Kopf und klappt seinen Mund auf und zu wie ein Fisch.

ARTUR: Bisch?

ICH: Genau, Artur. Darauf bin ich irgendwie auch stolz. Da ist dieser kleine Mann mit seinen kleinen Füßen und macht schon, was er will. Gell, Artur?

ARTUR: Mama?

ICH: Mama ist beck mit dem Atau. Aber sie kommt gleich wieder. Vielleicht hat sie ja Lust, dich zu wickeln.

TERESA: Kriegst du jetzt hundert Mark?

ICH: Ja. Ich glaub schon.

ARTUR: Nein.

»Männer haben Haare auf der Brust, da wollen Babys nicht trinken«

ICH: He, Kinder, kommt mal her, ich muss mit euch reden.

ARTUR (5): Will Fußball spielen.

ICH: Es regnet. Nachher vielleicht, wenn der Regen aufgehört hat.

ARTUR: Will aber.

ICH: Erst reden wir über deine Mama, dann spielen wir Fußball.

Artur: Fußball!

Teresa (10): Immer will er Fußball spielen. Jungs sind doof.

Ich: Ich will aber nicht über Fußball reden, sondern über Muttertag.

Teresa: Was denn?

Artur: Mama.

Ich: Darüber, warum Mütter immer sagen, dass sie Muttertag doof finden, aber doch beleidigt sind, wenn man ihn vergisst.

Teresa: Hast du ihn schon mal vergessen?

Ich: Nie.

Teresa: Woher willst du dann wissen, dass sie beleidigt sind?

Ich: Weil man das eben weiß, und weil alle Mütter gleich sind. Sie wollen eigentlich keine Mütter sein und können aber gar nicht anders.

Teresa: Unsere Mama will Mutter sein.

Ich: Jeder will Mutter sein, wenn er zwei Kinder wie euch sieht.

Artur: Fußball.

Teresa: Auch bei Artur?

Ich: Bei euch beiden. Aber es gibt Momente, da erinnern sich Mütter daran, dass sie nicht immer Mütter gewesen sind und trotzdem Spaß hatten.

Teresa: Warum werden sie dann Mütter?

Ich: Das ist es ja. Weil sie Kinder haben wollen, die sie dann so lieb haben können wie euch. Und weil sie den Vater auch lieb haben. Oder so.

Teresa: Wir haben uns alle lieb. Piep.

Artur: Piep.

Ich: Piep. Und dann kommen aber die Muttertage, und die Mütter fragen sich, ob sie eigentlich nur noch Mutter sind?

Teresa: Das ist doch nicht so schlimm.

Ich: Eigentlich nicht, aber Mütter sind halt so. Sie wollen auch Menschen sein und nicht nur Elefantenkühe, die den ganzen Tag nur hinter ihren Kindern her sind.

Teresa: Sind wir wie Elefantenbabys?

Artur: Au ja.

Teresa: Wir sind zwei Elefanten.

Artur: Tröööt.

Teresa: Tröööööt.

Ich: Können wir jetzt wieder über Muttertag reden?

Teresa: Frag doch einfach meine Mama.

Ich: Das ist aber nicht meine Mutter.

Teresa: Dann frag doch Großmama. Die ist deine Mutter.

Ich: Ich will es aber von euch wissen.

Teresa: Warum?

Ich: Damit ich es aufschreiben kann für die Zeitung.

Teresa: Und dann lesen es alle?

Ich: Ja.

Teresa: Haben die keine Mütter?

Ich: Doch. Aber sie freuen sich, wenn sie lesen, dass ihr eure Mama lieb habt. Dann denken sie an ihre eigene Mama und müssen kichern.

Teresa: Da gibt es nichts zum Kichern. Wer seine Mama lieb hat, nimmt sie in den Arm.

Artur: Wo ist meine Mama?

Ich: In der Arbeit. Aber sie kommt bald wieder.

Artur: Will kuscheln.

Ich: Kuschel mit deiner Schwester.

Artur: Will mit meiner Mama kuscheln.

Ich: Deine Mama ist nicht da. Kuschel mit mir.

Artur: Fußball.

Teresa: Siehst du. Immer will er nur Fußball.

Ich: Jungs wollen Fußball spielen, weil ihre Väter immer Fußball gucken. Außerdem haben Jungs größere Füße.

Teresa: Ich habe auch größere Füße und hüpfe lieber Seil.

Artur: Ich auch.

Ich: Mädchen haben von Fußball keine Ahnung. Deine Mutter kann nicht mal Bundesliga und Weltmeisterschaft auseinanderhalten. Und meine Mutter auch nicht.

Teresa: Weil Großpapa es nicht erklären kann. Und du auch nicht. Drum machen Mädchen lieber Seilhüpfen.

Ich: Deine Mutter hüpft nicht Seil. Und Großmama auch nicht.

Teresa: Sie sind eben Mütter.

Ich: Und was tun Mütter so?

Artur: Kuscheln.

Ich: Ich kann auch kuscheln.

Artur: Wo ist Mama?

Teresa: Männer haben einen Bart und kratzen. Drum kuscheln sie nicht.

Ich: Frauen haben keinen Bart, sondern einen Busen. Drum sind sie kuscheliger.

Artur: Mama!

Teresa: Frauen müssen einen Busen haben, damit sie Mütter werden können. Damit die Babys trinken können.

Ich: Ach was?

Teresa: Und Männer haben Haare auf der Brust. Da wollen Babys nicht trinken.

Ich: Dann trinken sie eben aus der Flasche. Das machen ganz viele, und das geht genauso.

Artur: Kuscheln?

Teresa: Männer knurren aber, und Mamis nicht.

ICH: Nicht alle Männer knurren.

TERESA: Du knurrst.

ARTUR: Ich knurr auch.

ICH: Ich knurre nur, wenn ich schlechte Laune habe. Mütter haben auch manchmal schlechte Laune.

TERESA: Aber sie knurren nicht.

ICH: Nein. Sie bellen.

ARTUR: Wauwau.

TERESA: Quatsch. Das sind doch keine Hunde. Mamis schimpfen. Und kuscheln.

ICH: Klar. Mamis sind super. Ich sage ja gar nichts. Ich will nur wissen, warum es für Mamis einen Muttertag gibt und für Daddys nicht.

TERESA: Damit es Geschenke gibt.

ICH: Und Daddys brauchen keine Geschenke?

TERESA: Daddys kaufen Geschenke, wenn sie welche brauchen.

ARTUR: Ich will auch Geschenke.

ICH: Quatsch. Mami kauft sich auch Geschenke, wenn sie welche braucht.

TERESA: Am Muttertag müssen sie sich keine kaufen. Da kriegen sie welche.

ARTUR: Geschenke.

ICH: Genau. Will auch Geschenke.

TERESA: Nicht traurig sein. Du kriegst auch ein Geschenk. An Weihnachten. Du bist ja keine Mutter.

ICH: Und wofür kriegen die Mütter am Muttertag Geschenke?

TERESA: Weil Muttertag ist.

ICH: Und?

TERESA: Weil Mami weiß, was man tut, wenn ich am Knie blute. Und wie man Weihnachtssterne bastelt. Und Spaghetti kocht. Und alles.

Ich: Und woher weiß sie das alles?

Teresa: Von ihrer Mami natürlich.

Ich: Ich habe auch eine Mami und weiß auch, wie das alles geht. Ich mache es halt nur selten.

Teresa: Du guckst eben lieber Fußball.

Artur: Will Fußball spielen.

Ich: Väter wissen alles, Mütter machen alles.

Teresa: Mami weiß alles, du machst nichts.

Ich: Ich weiß dafür, was die Abseitsregel beim Fußball bedeutet.

Artur: Spielen wir jetzt Fußball?

Teresa: Ihr seid doof. Drum kriegt ihr kein Geschenk zum Muttertag.

Ich: Wollen wir auch nicht. Wir sind ja keine Mütter. Wir knurren lieber und lassen uns einen Kratzbart wachsen.

Teresa: Artur hat noch gar keinen Bart.

Artur: Ich will auch einen Bart.

Ich: Keine Sorge. Du kriegst auch noch einen Bart. Dann kannst du deine Mama und alle anderen zukünftigen Mamas kratzen.

Artur: Wo ist meine Mama?

Teresa: Ich geh Seilhüpfen.

Artur: Will Kuscheln.

Ich: Und was ist mit Fußball?

»Wenn ich um sieben ins Bett muss, ziehe ich aus«

Ich: Kinder, hört mal her. Die Frau des Bundeskanzlers hat gesagt, Kinder müssten wieder strenger erzogen werden.

Artur (8): Welcher Bundeskanzler? Der Schröder?

Teresa (13): Es gibt nur einen Bundeskanzler, du Depp.

Ich: Nenn deinen Bruder nicht Depp, sonst muss ich dich auch strenger erziehen.

Teresa: Wenn's aber stimmt … warum sagt die Frau vom Schröder denn so was?

Ich: Weil sie findet, dass Kinder nicht mehr richtig erzogen werden. Dass sie zu viel Taschengeld bekommen und zu spät ins Bett gehen, zum Beispiel.

Artur: Ich gehe auch zu spät ins Bett.

Ich: Du gehst zu spät ins Bett, weil du immer so herumtrödelst, wenn es so weit ist.

Teresa: Alle in meiner Klasse gehen viel später ins Bett als ich. Ich muss immer schon um Viertel nach acht, und die dürfen dann noch fernschauen.

Ich: Erstens darfst du oft auch noch fernsehen, und zweitens, sagt Frau Schröder-Köpf, ihre Tochter Klara muss an Schultagen um sieben ins Bett.

Artur: Da kann ich nicht. Da esse ich Pizza.

Teresa: Sieben Uhr! Die Arme. Da hat sie ja gar nichts davon, dass ihr Vater Bundeskanzler ist.

Artur: Ich werde auch Bundeskanzler. Dann muss ich nie mehr ins Bett.

Teresa: Wenn du Bundeskanzler wirst, dann werde ich Königin von England.

Ich: Fein, dann muss ich mir um eure Erziehung keine Sorgen mehr machen. Aber trotzdem möchte ich mal wissen, was daran so schlimm sein soll, dass Klara um sieben ins Bett muss. Die ist in der Früh dann wenigstens nicht müde.

Teresa: Alle erziehen ihre Kinder anders – das ist deren Entscheidung. Ich bin morgens lieber müde – und darf dafür länger aufbleiben.

Ich: Was würdest du denn tun, wenn wir dich auch um sieben – oder sagen wir mal halb acht – ins Bett schicken würden?

Teresa: Dann ziehe ich aus.

Artur: Ich auch.

Ich: Ach, wohin denn?

Teresa: Zu meinen Freundinnen.

Ich: Deren Eltern wären sicher begeistert.

Teresa: Ihr müsst mich ja auch nicht früher ins Bett schicken. Stört euch doch nicht, wenn ich müde bin. Ich gehe ja trotzdem in die Schule.

Ich: Wer aber in der Schule müde ist, lernt nichts – und wird nie Bundeskanzler.

Artur: Dann bleibe ich lieber im Bett.

Ich: Was würdest du denn machen, wenn wir nichts mehr verbieten würden?

Artur: Nintendo spielen. Gameboy spielen. Auf Bäume klettern. Nix aufräumen. Fernschauen. Ins Kino gehen.

Ich: Wie würdest du dann etwas lernen?

Artur: Ganz einfach: Gameboy.

Teresa: Ich würde halt, statt fünfmal in die Schule zu gehen und nur zwei Tage zu Hause zu bleiben, es umgekehrt machen. Ich würde ständig in die Disco gehen und mit Freundinnen was machen.

Ich: Die sind aber in der Schule.

Teresa: Dann würde ich sie halt dort abholen.

Ich: Sind deren Eltern denn strenger als wir? Oder weniger streng?

Teresa: Bei denen ist niemand strenger erzogen. Die dürfen alle bis Viertel nach neun fernsehen.

Artur: Der Fabio darf auch fernschauen, wann er will. Und der Dominik auch.

Ich: Das sagen die, um anzugeben. Kinder in deinem Alter sollen um acht im Bett sein. Das musste ich auch.

Artur: Du bist nicht ich.

Teresa: Eben. Die blöde Klara Schröder-Köpf interessiert uns doch nicht.

Ich: Aber ihre Mutter sagt außerdem, dass Klara fünf Mark Taschengeld bekommt und kein Handy braucht.

Teresa: Bei uns haben von dreißig Schülern in der Klasse höchstens fünf noch kein Handy.

Ich: Immerhin bekommst du mehr Taschengeld.

Teresa: Ist ja auch gut so. Da lerne ich besser, mit Geld umzugehen.

Artur: Ich krieg zwei Mark. Das ist langweilig.

Teresa: Zwei Mark reicht für Süßigkeiten und Pokémon-Sticker.

Artur: Gar nicht!

Teresa: Doch, wer pupst, kriegt nicht mehr.

Ich: Hast du gepupst, Artur?

Teresa: Er ist schlecht erzogen. Sag ich doch.

Ich: Das ist es aber nicht, was die Frau vom Bundeskanzler meint. Sie redet von »Pflichtbewusstsein, Fleiß, Aufrichtigkeit, Hilfsbereitschaft, Verlässlichkeit, Anstand, richtigem Benehmen«.

Teresa: Diese Frau Bundeskanzler ist doch den Leuten schnurzegal.

Ich: Aber viele Eltern haben ihr zugestimmt.

Teresa: Ich glaube, das ist den Kindern egal.

Ich: Kinder werden bei dem Thema gar nicht gefragt.

Teresa: Und was soll das den Kindern bringen?

Ich: Dass sie irgendwann fleißige, aufrichtige, hilfsbereite, anständige Menschen werden – wie ihre Eltern.

Teresa: Ich will vielleicht gar nicht wie meine Eltern werden.

Ich: Eben. Das ist es ja, was Frau Schröder-Köpf befürchtet. Deshalb muss Klara um sieben ins Bett. Die kommt von der Schule heim, macht ihre Aufgaben, isst zu Abend, geht ins Bett. Wie alle braven Kinder.

Teresa: Haha. Schönes Leben. Da würde ich mich umbringen.

Ich: So sieht das Leben für die meisten aus: arbeiten, heimkommen, essen, schlafen, aufstehen. Oder so ähnlich

Teresa: Aber nicht im Umkreis von München.

Artur: Ich will fernsehen.

Ich: Nix da! Jetzt geht's ins Bett.

Artur: Du bist nicht Bundeskanzler.

Ich: Doch. Hier bin ich der Bundeskanzler. Und ich sage: Es geht ins Bett.

Teresa: Der Bundeskanzler ist bescheuert – und vor allem seine Frau.

»Ich brauche keine Werbung, ich gehe lieber shoppen«

Ich: Hallo Kinder, lasst uns mal über Konsum reden.

Teresa: (13 Jahre alt und nicht in der Lage, ihr Taschengeld länger als eine Woche bei sich zu behalten): Au ja, Konsumpunkte sammeln.

Artur: (8 Jahre alt und in Gelddingen ähnlich verwirrt wie in Mathematik): Will nicht.

Teresa: Du weißt doch gar nicht, was Konsum ist.

Artur: Weiß ich wohl.

Teresa: Dann sag's doch.

Artur: Sag ich nicht.

Ich: Was ist denn Konsum deiner Meinung nach: ein Obst, ein Gemüse, ein Tier?

Teresa: Ein Pokémon?

Artur: Nein. Weiß auch nicht. Aber ich mag es nicht.

Teresa: Typisch!

Ich: Also was ist Konsum?

Teresa: Was mit Einkaufen oder so zu tun hat.

Ich: Genau. Also reden wir übers Einkaufen.

Artur: Was krieg ich dafür?

Teresa: Eine Ohrfeige.

Ich: Okay, machen wir einen Deal: Ich lese heute Abend zwei Kapitel vor.

Artur: Also gut, wenn's sein muss. Was soll ich sagen?

Teresa: Du sollst sagen, warum Konsum gut ist.

Artur: Konsum ist gut. Einkaufen aber auch.

Teresa: Quatsch. Konsum ist, weil Weihnachten ist und da so viele Leute einkaufen – und sie kaufen zu viel. Heißt es. Stimmt aber gar nicht. In Wahrheit sollen die Leute viel mehr einkaufen, damit die Kinder mehr Geschenke kriegen.

ICH: Vielleicht denken sich aber die Leute: Schluss mit Konsum! Dieses Jahr bastele ich meinem Kind etwas.

TERESA: Nee, das ist langweilig. Weihnachten ist das Fest der Geschenke.

ICH: Nein, das Fest der Liebe.

ARTUR: Nein, das Fest von Nikolaus.

TERESA: Selber Nikolaus.

ICH: Man schenkt doch, weil man eine Freude machen will. Und wenn ich euch zum Beispiel ein Bild male, dann gebe ich mir doch viel mehr Mühe, als wenn ich eine CD kaufe.

ARTUR: Das geht aber viel schneller kaputt.

TERESA: Und das ist oft zu nichts nütze. Vergiss es. Ich möchte kein Bild von meinem Vater geschenkt bekommen. Du kannst dir ja sonst Mühe geben, aber an Weihnachten möchte ich Geschenke. Du kannst das Bild ja zusätzlich malen – dann freue ich mich darüber.

ICH: Ihr seid ja schreckliche Kinder. Ich würde vorschlagen, dieses Jahr gibt es nur Selbstgebasteltes.

TERESA: Dann ziehe ich aus.

ARTUR: Ich auch.

TERESA: Das ist doch außerdem langweilig. Man muss sich doch auf irgendwas freuen. Ich freue mich doch nicht darauf, um den Weihnachtsbaum herumzustehen und »O du fröhliche« zu singen.

ICH: Worum geht es denn dann bei Weihnachten?

ARTUR: Um Jesus.

TERESA: Der hat doch keine Ahnung.

ARTUR: Doch, der wurde da geboren. Und damals gab es noch keinen Konsum. Da gab es ja noch nicht mal Spielzeugläden.

Ich: Woher weißt du denn, was du dir wünschst?

Artur: Ich denke mir halt was Schönes aus und schreibe es auf.

Teresa: Aus der Werbung.

Ich: Und der Werbung glaubst du alles?

Teresa: Nein, ich habe mir mal eine Barbiepuppe gewünscht, weil die in der Werbung einen Purzelbaum geschlagen hat – und als ich sie dann hatte, konnte sie das gar nicht. Die hatte ja auch gar keine Batterien. Deswegen ist Werbung blöd.

Artur: Ja genau. Den Hüpfball aus der Werbung gab es auch nur bis November. Aber die Werbung war in einer Zeitung.

Teresa: Ich brauche keine Werbung, ich gehe lieber shoppen.

Ich: Das heißt?

Teresa: In alle Läden schauen. Bei Shoppen geht es eigentlich immer um Klamotten.

Artur: Voll klar. Klamotten sind doch langweilig. Sind wir jetzt endlich fertig?

Ich: Nix da. Sag mal, wie viel Taschengeld du kriegst.

Artur: Drei Mark. Weil ich in der dritten Klasse bin.

Ich: Und was kaufst du davon?

Artur: Nix. Eigentlich nix. Oder was Kleines.

Ich: Und wenn du fünfzig Mark in der Woche bekommen würdest?

Artur: Dann hätte ich jetzt schon tausend Mark.

Ich: Wozu brauchst du denn tausend Mark?

Artur: Für ein Auto und ein Nintendo-Spiel. Und Snapes Labor.

Ich: Was ist das denn?

Artur: Das ist aus der Werbung. Von Harry Potter.

Teresa: Das ist wie ein Chemiekasten, der so aussieht, als wäre er eine Hexenküche.

Artur: Ja, da sagt man: »Löffel rühre!« – und dann rührt er.

Teresa: Wahrscheinlich rührt der gar nicht.

Ich: Warum wünscht ihr euch das dann?

Artur: Weil wir Konsum haben wollen.

Teresa: Konsum hat man nicht, man konsumiert.

Artur: Du konsumierst selber. Ich will jetzt meine zwei Kapitel lesen. Und morgen gehen wir dann Konsum einkaufen.

Teresa: Mir wäre lieber, wir würden morgen dich verkaufen. Da haben die anderen den Konsum und wir den Spaß.

Artur: Nein, wir verkaufen dich. Das ist noch viel mehr Konsum.

Teresa: Nein, dich.

Artur: Dich!

Ich: Rrruhe!

Nachwort

Dieses Buch ist ein Fragment – und dass man das kaum merkt, liegt an der Art, wie Michael Althen geschrieben hat: offen, frei, ohne die Ambition, das letzte Wort haben zu wollen; und wenn er einen Witz machte, dann machte er ihn auf seine eigenen Kosten.

»Meine Frau sagt …«, heißt dieses Buch, so sollte es immer heißen. Und der Plan war, dass die Kolumnen, die in der Wochenendbeilage der FAZ unter dem Titel »Heute morgen« erschienen, dafür den Roh- und Grundstoff hergeben sollten. Es waren kleine Geschichten, Szenen, Episoden aus dem Alltag eines Mannes, der Ehemann, Vater, Journalist war. Und der sich darüber wunderte, dass er sich wunderte. Seltsam, sagen all diese Geschichten, seltsam, dass, was anscheinend selbstverständlich ist, mir unverständlich ist. Kann es wirklich sein, dass ich hier mit meinem komischen Gefühl, dass nicht normal sei, was anscheinend allen normal erscheint, wirklich der Einzige bin. Was natürlich der Grund dafür war, dass die Leser diese Kolumnen liebten. Nein, sagte der Leser, du (beim Lesen duzt man, glaube ich, den, dessen Texte man liest) bist nicht der Einzige. Mir geht es auch so.

Das Althen-Geheimnis, der Althen-Zauber: man liest es und denkt, dass ist nur für mich geschrieben. Woher weiß dieser Autor das alles von mir?

Michael Althen hat angefangen, aus dem Rohstoff der Kolumnen den Text für ein Buch zu formen – und leider kam er nicht dazu, diese Buch fertig zu schreiben. Er hatte damit angefangen, er hatte den Kolumnenstoff so geformt, dass die kleinen Geschichten sich in einen größeren Gesamtzusammenhang fügten. Und dann wurde er leider zu krank, das Ganze zu vollenden.

Und so haben wir uns die Kolumnen, die unbearbeitet blieben, angeschaut. Und haben gesehen: sie ergeben eben auch einen Gesamtzusammenhang. Das liegt zum einen daran, dass der eine, der unverwechselbare Michael Althen sie aus seiner unverwechselbaren Perspektive geschrieben hatte. Und zum anderen lag es daran, dass ohnehin die Abschweifung das eigentliche Form- und Ordnungsprinzip ist. Meine Frau sagt: Mit diesem Satz fängt es immer an. Aber das, was Althen dazu einfällt, ist nur selten das, was seine Frau ihm als Antwort durchgehen ließe. Darum geht es ja, damit fangen Wahrheit und Erkenntnis dieser Kolumnen an: dass einen das Leben, die Wirklichkeit, die Frau und die Familie vor Fragen stellen. Und was einem dann dazu einfällt, ist etwas, womit sie nicht gerechnet haben. Und man selber, also der Autor Michael Althen wie der Leser, der sich darauf einlässt, man selber hat auch nicht mit der eigenen Antwort gerechnet.

Und insofern war es hoffentlich im Sinne Michael Althens, die Kolumnen nach Gefühl, nach Intuition, nach mal größeren, mal kleineren Korrespondenzen (die sich oft auch einfach aus dem Erscheinungsdatum schon deshalb ergaben, weil eine Kolumne wie diese immer auch als Subtext eine fortlaufende Erzählung hat: das Lebens- und Gedankenprotokoll des Autors) zusammenzufügen.

Dass das letzte Kapitel die Überschrift hat: »Meine Kinder sagen…« – das ergab sich fast zwangsläfig aus Thema und Methode. Immer wieder hat Michael Althen seine Kinder interviewt und diese Gespräche erst im Magzin der »Süddeutschen Zeitung«, dann im Feuilleton der »Frankfurter Allgemeinen Sonntagszeitung« veröffentlicht. Was natürlich auch von Althens Weisheit zeugte. Er wusste, in der Kunst sich zu weigern, die alltäglichen Dinge für alltäglich, die Selbstverständlichkeiten für selbstverständlich zu nehmen, machte ihm keiner etwas vor. Außer seinen Kindern. Man kann da, weil immer wieder Jahre dazwischenliegen, diesen Kindern gewissermaßen beim Groß-, beim fast schon Erwachsenwerden zuschauen. Und man sieht da auch, was eine geglückte Erziehung ist: dass einer nämlich seinen Kindern beibringt, diese grundsätzliche Skepsis, ein gewisses intelligentes Unverständnis des allzu leicht Verständlichen, bloß nicht zu verlernen beim Lernen.

So ist dieses Buch ein ganz anderer Text geworden als der, den Michael Althen hätte fertig schreiben wollen. Es ist ein Jammer, dass er nicht dazu kam. Aber das Buch, das jetzt vorliegt, hätte ihm vermutlich auch gefallen. Als Kritiker, der er ja auch war – und vielleicht sogar der beste, hatte er immer ein gewisses Misstrauen gegen alles, was zu perfekt war. Und Werke, die ihren Stolz aufs eigene Gelingen allzu deutlich ausstellten, waren ihm ein Graus. Da fühlte er sich bevormundet, manchmal sogar abgestoßen von der glatt polierten Form. Da gab es für den Kritiker zu wenig zu tun.

Und insofern wäre dieses Buch gelungen, wenn seine Leser auch auf ein paar Widersprüche stießen, wenn sie an manchen Widerhaken der Form und der Sprache hängen blieben.

Meine Leser sagen. Meine Leser denken. Darum geht es. Dafür ist dieses Buch da.

Claudius Seidl